이 벅찬
구원의
감격!

●거듭난 성도의 생명력 넘치는 삶을 위한 안내서●

이 벅찬 구원의 감격!

지은이 | 조복섭
펴낸이 | 원성삼
책임편집 | 김지혜
본문 및 표지디자인 | 한영애
펴낸곳 | 예영커뮤니케이션
초판 1쇄 발행 | 2020년 4월 13일
등록일 | 1992년 3월 1일 제 2-1349호
주소 | 04018 서울시 마포구 동교로 55 2층(망원동, 남양빌딩)
전화 | (02) 766-8931
팩스 | (02) 766-8934
홈페이지 | www.jeyoung.com
ISBN 979-11-89887-22-3 (03230)

값 9,500원

이 도서의 국립중앙도서관 출판예정도서목록(CIP)은 서지정보유통지원시스템 홈페이지
(http://seoji.nl.go.kr)와 국가자료공동목록시스템(http://www.nl.go.kr/kolis-net)에서 이용하실 수 있습니다.(CIP제어번호: CIP2020013225)

모든 인간은 하나님의 형상을 닮은 존귀한 존재입니다. 사람은 인종, 민족, 피부색, 문화, 언어에 관계없이 모두 다 존귀합니다. 예영커뮤니케이션은 이러한 정신에 근거해 모든 인간이 존귀한 삶을 사는 데 필요한 지식과 문화를 예수 그리스도의 사랑으로 보급함으로써 우리가 속한 사회에 기여하고자 합니다.

조 복 섭

● 거듭난 성도의 생명력 넘치는 삶을 위한 안내서 ●

이 벅찬 구원의 감격!

예영

　당신이 진심으로 예수님을 구주와 주님으로 영접한 것은 언제인가요? 당신이 예수님을 영접하면서 하나님 품에 달려와 안긴 순간 당신이 어떠한 존재가 되었는지, 당신의 속사람(영)이 어떻게 변화되었는지, 그 놀라운 실재를 과연 알고 계십니까? 오늘날 진심으로 예수님을 영접하고도 하나님께서 나를 얼마나 사랑하시는지, 내가 얼마나 엄청난 하나님의 은혜와 복을 받았는지 제대로 알지 못하거나 누리지 못하는 사람이 참으로 많습니다.

　이 모든 것은 우리가 영적으로 성숙해질 때 더 깊이 깨닫고 누리게 됩니다. 영적 성숙은 주님과 친밀하게 얼마나 많은 교제의 시간을 보내는가에 달려 있습니다. 하나님을 지식으로 아는 것 외에도 매일의 바쁜 삶 가운데서도 살아 계신 하나님과 개인적으로 만나고 직접 그분의 사랑을 경험하는 시간을 갖는 것은 무엇보다 우선적으로 필요합니다(요 17:3). 그 시간이 하나님께서 우리의 영과 혼과 육을 만져주시는(touch) 시간이고, 하나님에게서 생명을 부음 받는 시간이기에 더욱 그렇습니다.

　우리는 이러한 시간을 통해 경험하는 치유와 회복으로 마음에 기쁨이 충만해지며 내가 특별한 하나님의 은혜와 사랑을 받은 존재임을 가슴으로 깨닫게 됩니다(요 15:9, 17:23). 이렇듯 내가 구원받고 하나님의 놀라운 은혜와 복을 누리는 가운데 천국을 소망하며 살고 있다는 것이 얼마나 감사한지를 생각할수록 우리 가슴은 주님을 향한 사랑으로 불타오르게 됩니다. 주님을 사랑하면 사랑할수록 그분의 깊은 심정과 애절한 소원을 알게 되고, 그러다 보면 더 이상 자기중심적인 이기적 자아에만 머물러 있을 수 없습니다. 결국 주님을 위해 고난을 감수하면서까지 뛰쳐나가 그 은혜의 영광을 드러내는 증거자로 살게 됩니다(빌 1:29).

복음은 단순히 "예수 믿고, 천국 가세요"에서 끝나는 메시지가 아닙니다. 예수님 믿고 천국 가는 것은 물론이고, 예수님과 온전한 연합, 하나 됨의 관계 속에서 그분과 함께 하늘나라를 누리라는 것입니다. 이후에 천국에 가서 누리는 것뿐 아니라 지금도 연결된 하나님 나라를, 지금도 우리와 함께하시는 그분과 이 땅에서도 그 은혜와 복을 누리면서 천국에 들어갈 수 있게 하는 것이 주님께서 이 책을 쓰게 하신 이유입니다.

저에게 감동과 지혜를 주시고 기도의 동역자들을 붙여 주셔서 이 책을 출간하게 하신 우리 주님께 모든 감사와 영광을 올려 드립니다.

① 예수님을 주와 구세주로 영접하고 하나님 안에서 신앙생활을 하고 있
다는 것이 얼마나 형용할 수 없는 은혜이고 복인지를 알게 됩니다. 예수
그리스도 안에서 나의 존재 가치와 삶의 의미는 물론, 삶의 부요함 또한
더욱 새로워집니다.

② 매 장마다 하나님께서 나를 얼마나 사랑하시는지, 내가 하나님 앞에 얼
마나 귀한 존재인지를 확인하게 되고, 그때마다 말할 수 없는 감사와 감
격이 넘쳐나게 됩니다.

③ 하나님을 지식으로만 아는 것이 아니라, 살아 계신 하나님을 개인적으
로 만나 날마다 친밀하게 교제하는 가운데 그분과 나누는 사랑의 대화
를 기록하는 시간(영성 일기와 말씀 묵상)이 자연스럽게 생활화되면서, 주
님과의 사랑에 푹 빠져 들게 됩니다.

④ 결국 내가 받은 측량할 수 없는 하나님의 사랑을 등한히 여길 수 없게
되어 이런 영적인 세계를 알지 못하는 주변 사람들을 돌아보는 눈이 열
리게 되고, 하나님의 뜻과 계획을 이루는 일에 자신을 기쁨으로 내어드
리는 신앙생활을 하게 됩니다.

내가 받아야 할 죄의 형벌을
대신 받으셨군요!

1. 내가 사형수였다니

형제들아 내가 너희에게 전한 복음을 너희로 알게 하노니 이는 너희가 받은 것이요 또 그 가운데 선 것이라 _고전 15:1

바울은 자신을 통해 복음을 받은 고린도의 교인들에게 "이미 내가 너희에게 전했고 너희가 다 들은 것이다. 그러나 다시 한 번 더 복음을 깨우쳐 주고 싶어서 전한다"라고 했습니다. 바울은 그들이 받은 복음이 어떠한 것인지를 다시 한 번 되새겨 줍니다. 그는 하나님께서 우리를 얼마나 사랑하시는지, 우리가 하나님 앞에 얼마나 귀한 존재인지를 더 깊이 깨우쳐 줌으로 하나님의 사랑을 피상적 지식이 아닌 실제 가슴으로 느끼게 해 주고 싶었던 것입니다.

하나님께서 우리에게 주신 복음이 얼마나 놀랍고 큰 은혜인지, 그리고 예수님을 영접하고 하나님의 품에 안긴 순간 우리가 얼마나 가치 있는 존재가 되었는지를 다시 깊이 하나님께 감사드리고 기쁨 가운데 신앙의 열정을 새롭게 하는 계기가 된다면 얼마나 좋을까요.

본래 내가 이런 존재였다는 것을
아는가?

먼저 질문을 합니다. 우리 중 이 세상에 태어날 때 영적인 지식을 가지고 태어난 사람이 있을까요? 영적인 세계가 있는지 아무도 몰랐습니다. 하나님이 어떤 분이신지 아무도 몰랐습니다. 내가 죄인의 후손으로 태어났다는 것은 더구나 알지 못했습니다.

한 사람으로 말미암아 죄가 세상에 들어오고 죄로 말미암아 사망이 왔나니 이와 같이 모든 사람이 죄를 지었으므로 사망이 모든 사람에게 이르렀느니라_롬 5:12

내가 죄악 중에 출생하였음이여 모친이 죄 중에 나를 잉태하였나이다 _시 51:5

우리가 어떤 환경에서 태어나 어떻게 살든지, 그 신분이 어떠하든지, 아담의 후손으로 태어나는 모든 사람은 우리 조상 아담의 범죄 때문에 모태에서부터 죄의 종의 신분으로 태어난다고 성경은 분명히 이렇게 말씀하고 있습니다. 그러므로 우리는 태어나면서부터 죄의 노예가 되어 죄와 사망의 법이 이끄는 대로 살아야만 했습니다. 죄는 우리를 끌고 다니면서 여러 가지 모양으로 우리를 격동하고 재촉하며 계속 죄를 짓게 합니다.

우리는 모든 불의, 추악, 탐욕, 악의가 가득한 자이고, 시기, 살인, 분쟁, 사기, 악독이 가득한 자이며, 수군수군하는 자이고, 비방하는 자, 하나님께서 미워하시는 자이고, 능욕하는 자, 교만한 자, 자랑하는 자, 악을 도모하는 자이며, 부모를 거역하는 자, 우매한 자, 약속을 지키지 않는 자, 무정한 자요, 무자비한 자로(롬 1:28-31) 이와 같은 죄들을 끊임없이 짓는 구제 불능한 죄인이었습니다.

이 같은 일을 행하는 자는 사형에 해당한다고 하나님께서 정하심을 알고도_롬 1:32

우리가 이러한 상태에서 벗어나려면 반드시 대가를 지불해야 합니다. 그런데 우리에게는 죄값을 지불할 힘도, 죄 가운데서 빠져 나올 수 있는 능력도 없습니다. 그저 그렇게 살다가 종국에는 죄인들이 받는 죄의 형벌을 받아야만 하는, 이미 사형을 언도받은 사형수일 뿐입니다.

죽으면 모든 것이
끝나는 것일까?

죄의 삯은 사망이요_롬 6:23

두려워하는 자들과 믿지 아니하는 자들과 흉악한 자들과 살인자들과 음
행하는 자들과 점술가들과 우상 숭배자들과 거짓말하는 모든 자들은 불
과 유황으로 타는 못에 던져지리니 이것이 둘째 사망이라_계 21:8

많은 사람들은 사람이 죽으면 모든 것이 끝나는 줄 아는데 그렇지
않습니다. 사형이 집행되는 날 우리의 영혼은 그대로 불과 유황으로
타는 못, 영원한 지옥에 던져질 운명에 놓여 있습니다. 지옥은 세상
의 어떤 고통보다도 더한 고통이 있는 곳입니다. 유황불이 극렬하게
타오르는 불 못에서 너무 뜨겁고 고통스럽지만 쉼도 끝도 없고 물 한
방울의 긍휼조차도 기대할 수 없는 곳이 지옥입니다. 그곳에 한 번 던
져지면 영원히 빠져 나올 수 없습니다. 거기서는 차라리 죽고 싶어도
죽을 수도 없습니다. 말로 형언할 수 없는 무시무시한 고통 가운데 영
원히 살아야만 하는 곳이 바로 지옥입니다(눅 16:24-25). 오죽하면 예
수님께서 이렇게 말씀하셨겠습니까?

만일 네 눈이 너를 범죄케 하거든 빼어 내 버려라 한 눈으로 영생에 들어

가는 것이 두 눈을 가지고 지옥 불에 던지우는 것보다 나으니라_마 18:9

지옥에 던져질 하나님의 진노에서 벗어나 그분과 화목하기 위해 지불해야 할 우리의 죄값은 너무나도 엄청난 것이었습니다. 하나님은 그런 나를 위해, 내 대신 그 죄값을 지불하시기 위해 사랑하는 아들, 예수님을 이 땅에 보내셨습니다.

하나님의 사랑이 우리에게 이렇게 나타난바 되었으니 하나님이 자기의 독생자를 세상에 보내심은 그로 말미암아 우리를 살리려 하심이라 사랑은 여기 있으니 우리가 하나님을 사랑한 것이 아니요 하나님이 우리를 사랑하사 우리 죄를 속하기 위하여 화목 제물로 그 아들을 보내셨음이라 _요일 4:9-10

내가 받아야 할 무서운 죄의 형벌을 대신 받으셨구나!

그것은 예수님으로서도 너무나 힘든 것이었습니다. 얼마나 두렵고 무서운 형벌이었으면 예수님께서 이렇게 말씀하셨을까요?

지금 내 마음이 괴로우니 무슨 말을 하리요 아버지여 나를 구원하여 이 때를 면하게 하여 주옵소서_요 12:27

이는 심장이 떨리고 뼛속까지, 영혼까지 심한 고통에 시달리는 가운데 외친 아버지를 향한 예수님의 호소입니다. 그러나 하나님은 듣지 않으셨습니다.

엘리 엘리 라마 사박다니_막 15:34

예수님은 갈보리 언덕에 높이 세워 놓은 십자가 위에 달려 "엘리 엘리 라마 사박다니" 하고 외치셨습니다. 육의 몸을 가지신 예수님은 그 고통이 얼마나 견디기 힘드셨을까요? 그러나 그것은, "내가 이렇게 육신의 고통을 받으면서 죽게 되었는데 나를 돌보지 않으시고 이대로 버리시는 겁니까?"라는 의미가 아닙니다.

'엘리'는 '하나님', '라마'는 '왜', '사박다니'는 '완전히 내어버리다'를 의미합니다. 그런데 '라마'는 '맡겨지다, 믿다, 신뢰하다, 확신하다'라는 의미로도 쓰였다고 합니다. 하나님은 우리를 구원하기 위해 아들을 믿고 우리의 죄를 예수님에게 짊어지워서 완전히 내어버리신 것입니다. 마치 쓰레기 봉투에 쓰레기를 담아 봉투째 내다버리듯 귀하신 예수님의 몸이 쓰레기 봉투처럼 되어 그 몸에 쓰레기와 같은 더러운 우리의 죄를 담아서 완전히 버리신 것입니다.

이미 예수님은 "한 알의 밀알이 죽어야 많은 열매를 맺는다"(요 12:24)고 말씀하시며 우리 모두를 구원하기 위해 자신이 고난을 받고 죽으실 것과 또한 3일 만에 다시 살아나실 것을 다 아셨습니다. 그러나 영원부터 한 번도 하나님 아버지와 분리되어 본 적이 없는 예수님으로서는 아버지로부터 버림받아야 하는 것이 그토록 고통스럽고 두려우셨던 것입니다. 이는 "아버지, 아버지를 떠나야 한다는 것이 너무나도 무섭고 두렵습니다. 그러나 결국 제가 감당해야지 어떻게 하겠습니까? 결국 제가 버림받아야 하는군요. 아버지! 정말 두려워요!" 하는 외침이었습니다.

그러나 하나님은 끝까지 그의 외침을 외면하셨습니다. 결국 버림받은 예수님은 하나님의 모든 진노와 저주를 한 몸에 짊어지고 십자가에서 처형당하시고 말았습니다.

> 그가 찔림은 우리의 허물 때문이요 그가 상함은 우리의 죄악 때문이라 그가 징계를 받으므로 우리는 평화를 누리고 그가 채찍에 맞으므로 우리는 나음을 받았도다 우리는 다 양 같아서 그릇 행하여 각기 제 길로 갔거늘 여호와께서는 우리 모두의 죄악을 그에게 담당시키셨도다_사 53:5-6

그런데 여기서 우리가 반드시 기억해야 할 것이 있습니다. 그것은 바로 하나님 아버지의 아픔입니다. 우리는 흔히 십자가에 못 박히신 예수님의 고통만 생각하게 됩니다. 그러나 "너밖에 없지 않니? 네가 짊어져야지 어떻게 하겠니? 그래야 저들을 구원할 수 있으니…" 하시며 하나님 아버지께서는 찢어지듯 아픈 가슴을 억제하시면서 아들을 외면하고 모질게 등을 돌리셔야만 했습니다. 그때 하나님 아버지의 심정이 어떠셨을까요?

처참한 십자가의 고통과 함께 하나님 아버지로부터 완전히 버림받으신 예수님의 혹독한 고통, 아들을 아낌없이 버리셔야만 하는 하나님 아버지의 가슴이 찢어지듯 아픈 고통, 이것은 하나님 앞에서 우리의 죄가 얼마나 중하고 심각한지를 말해 주고 있습니다. 우리가 받아야 할 하나님의 진노와 심판이 어떠한가를 말해 주고 있는 것입니다. 그러나 또한 그것은 그 모든 고통을 감당하시면서 우리에게 베푸신 예수 그리스도의 무한하신 은혜와 우리를 향한 하나님 아버지의 지극한 사랑을 보여 주는 것입니다.

이에 성소 휘장이 위로부터 아래까지 찢어져 둘이 되니라_막 15:38

하나님은 즉시 우리의 죄 때문에 하나님과 우리 사이를 가로막았던 휘장을 찢으셨습니다. 그리고 3일 만에 예수님을 다시 일으키시고 이 모든 사실(복음)을 만민이 듣게 하셔서 죄인들을 부르십니다.

수고하고 무거운 짐 진 자들아 다 내게로 오라 내가 너희를 쉬게 하리라
_마 11:28

목마른 자도 올 것이요 또 원하는 자는 값없이 생명수를 받으라_계 22:17

하나님은 우리를 향해 "오라! 와서 옛날처럼 같이 살자!"고 하시며 두 팔을 벌리고 애원하십니다. 누구든지 그 음성을 듣고 하나님께 나아와 믿고 예수님을 영접하면 하나님은 사형수 명단에서 다 **빼내어 주십니다**.

> 이는 그리스도 예수 안에 있는 생명의 성령의 법이 죄와 사망의 법에서 너를 해방하였음이라_롬 8:2

이 세상 그 어떤 권세자나 용사라도 스스로는 도저히 **빠져 나올 수 없는**, 그토록 강력하고 절대적인 능력을 가지고 있는 죄와 사망의 법에서 완전히 해방시켜 주셨습니다.

그런데 더 놀라운
사실이 있다

부활하신 예수님을 믿고 회개하면서 하나님께 돌아온 우리에게 그 자리에서 하나님의 의의 옷을 입혀 주시면서 "너는 이제부터 의인이야"라고 말씀해 주셨다는 놀라운 사실!

이해를 돕기 위해 예를 들겠습니다. 평생 갚아도 다 갚을 수 없는 큰 돈을 빚진 사람이 있는데, 어떤 큰 회사의 재벌이 그 많은 빚을 다 청산해 주고, 또한 그 자리에서 그 회사의 평생 직원으로 임명하면서 회사에서 제공하는 모든 혜택과 노후 대책까지 받게 해 주었다면 어떻겠습니까? 이것이야말로 그 사람의 인생이 완전히 달라진 것 아니겠습니까? 어떤 공적이나 그만한 자격 요건이 충족되어서가 아닙니다. 오직 그 회장이 베푸는 은혜입니다. 그 회장이 빚만 갚아 준 것이라면 당장 빚은 없어져도 후에 또다시 빚쟁이가 될 수도 있지 않겠습니까? 그런데 회장이 빚을 갚아 주고는 즉시 그 회사의 평생 직원으로 임명했습니다. 그 사람에게는 은혜 위에 은혜인 것입니다.

또 미리 정하신 그들을 또한 부르시고 부르신 그들을 또한 의롭다 하시고 의롭다 하신 그들을 또한 영화롭게 하셨느니라_롬 8:30

하나님은 이렇게 미리 정하신 우리를 부르시고, 부르신 우리를 의롭다 하시고, 의롭다 하신 우리를 또한 영화롭게 하셔서 그때부터 우리가 무궁무진한 하나님의 은혜와 복을 영원히 누릴 수 있게 하셨습니다. 우리가 이런 하나님의 은혜와 복을 누릴 수 있게 된 것은 단지 죄를 용서받았기 때문이 아니고 의인이 되었기 때문입니다. 그때부터 죄의 종이던 우리는 거듭난 하나님의 자녀로 신분이 완전히 바뀌었습니다(요 1:13). 하나님을 아빠 아버지라 부를 수 있게 되었습니다. 소속이 바뀌고 운명이 바뀐 것입니다.

의롭다 하신 이는 하나님이시니 누가 정죄하리요_롬 8:33–34

지옥으로 끌려가던 우리에게 그때부터 하나님의 의는 우리 인생 여정에 보호막이 되어 천국까지 이르게 됩니다. 이렇게 말할 수 없는 하나님의 풍성한 은혜 가운데 살다가 천국에서 그분과 함께 영생을 누리게 되었습니다. 얼마나 놀라운 일입니까? 우리가 예수님을 영접한 순간 이러한 전환이 일어났습니다. 예수님을 영접한다는 것이 이렇게 중요합니다.

더 나아가, 어떻게 이 복음이 우리에게 전해졌고, 어떻게 우리가 예수님을 영접하게 되어 이토록 귀한 하나님의 사랑을 받게 되었는지 살펴보면서 우리는 더욱 감격하게 됩니다. 이 놀라운 사실을 가슴으로 깊이 깨달을 때마다 하나님의 사랑에 푹 빠져들 것입니다. 영원히 우리로 흔들릴 수 없게 하는 귀한 사실, 그것이 바로 우리를 향한 하나님의 뜨거운 사랑입니다.

언제 진심으로 회개하고 예수님을 영접하셨습니까? 지금까지는 우리가 왜 죄인이었는지, 어떠한 죄인이었는지, 그리고 어떻게 죄의 삯인 사망에서 해방되고 의인이 되었는지를 살펴보면서 그 후의 변화에 대해 대략 언급했습니다. 의롭다 함을 얻은 이후 우리의 신분과 영적 상태에 일어난 놀라운 일을 계속 살펴서 깊은 사실을 알게 될수록 우리는 더욱 기뻐하며 감사하고 감격하지 않을 수 없을 것입니다.

✉️ **결신 시간 – 예수님 영접을 위한 초청**

예수님을 아직 당신의 구원자로 영접하지 못하셨습니까? 지금까지 교회에 다니고 직분도 받았지만 예수님을 영접한 적이 없습니까? 하나님은 지금 영광스러운 복음 앞에 당신을 초대하십니다. 복음을 믿고 예수님을 구원자로 영접하십시오. 값없이 주시는 하나님의 한없는 은혜와 사랑이 약속되어 있습니다.

💬 **영접 기도**

하나님, 저는 죄인입니다.

지금껏 하나님을 잘 몰랐고, 잘 섬기지 못했습니다.

사람들에게 마음으로, 행동으로 지은 죄가 참으로 많습니다.

저를 용서해 주소서.

저의 모든 죄를 용서해 주시기 위해 십자가에서 대신 죽으시고

다시 사신 예수님을 믿습니다.

이 시간 제 마음을 열고 예수님을 영접합니다.

이제부터 예수님께서 제 인생의 주인이 되어 주시고,

천국 가는 날까지 동행해 주소서.

예수님의 이름으로 기도합니다. 아멘.

주의 보좌로 나아갈 때에 어떻게 나아가야 할까

나를 구원한 주의 십자가 그것을 믿으며 가네

주의 보좌로 나아갈 때에 나 여전히 부족하나

나를 품으신 주의 그 사랑 그것을 믿으며 가네

자격 없는 내 힘이 아닌 오직 예수님의 보혈로

자격 없는 내 힘이 아닌 오직 예수님의 보혈로

십자가의 보혈 완전하신 사랑 힘입어 나아갑니다

십자가의 보혈 완전하신 사랑 힘입어 예배합니다

복음을 믿고 구원을 받았으나 참 기쁨과 평안이 없고 순수했던 믿음과 감격
과 열정을 잃지는 않았는가? 다시 한 번 주님을 깊이 만나기 원하는가?
그 감격과 열정을 다시 회복하라!

It is a fact! 이것은 결코 지어낸 이야기나 억측이 아니다. 우리가 눈으로 직접 보지는 못했지만 마음으로 그때의 그 장면을 상상하며 그려 보자.

"엘리 엘리 라마사박다니, 나의 하나님, 나의 하나님, 어찌하여 나를 버리셨나이까!"

얼마나 절박하고 처절한 아들의 외침인가? 그러나 하나님은 찢어지듯 아픈 가슴을 억제하면서 아들을 외면하시고 모질게 등을 돌리셨다. 그리고 성소의 휘장을 확 잡아 찢으셨다.

하나님께서는 "와라! 난 널 포기할 수 없다. 내 아들을 죽여서라도 너를 구원하고 말 것이다. 난 널 결코 포기할 수 없다"고 하시며 두 팔을 활짝 벌려 우리를 맞아 주셨다. 그러고는 하나님께 안긴 우리에게 그 자리에서 즉시 "너는 이제부터 의인이다"라고 말씀하시며 그때부터 무궁무진한 하나님의 은혜와 복을 영원히 누릴 수 있게 해 주셨다.

진정 아십니까? 하나님께서 당신을 얼마나 사랑하시는지!

가슴이 터지도록 부르고 싶은 그분을 마음껏 부르라. "하나님, 감사합니다!" 하고 큰 소리로 외쳐 보라. 뜨거운 감사의 고백을 드리면서 이제 그것을 그대로 적어 보라.

예수님의 호소를 외면하시면서 성소의 휘장을 가르시고

당신을 품어 주신 하나님의 사랑을 잠시라도 묵상해 보았는가?

얼마나?

2. 참 평안과 안식

나는 죄와 사망의 법에서
완전히 해방된 새로운 피조물이다

어느 날 차를 운전하면서 하나님의 은혜를 묵상하던 중 느닷없이 머리에 한 장면이 그려졌다. 극렬하게 타오르는 유황불같은 불못(지옥)이 언제든지 가까이 오기만 하면 나를 확 삼켜버리려고 무섭게 화염을 내뿜으면서 입을 벌리고 있는 장면이었다. '그저 죄가 유혹하는 대로 끌려다니다가 언제 그 불속에 던져지게 될지 모르는 인생, 내가 바로 그런 비참한 상황에서 살고 있었는데 지금은 구원받고 이렇게 살고 있구나' 생각하며 새롭게 하나님께 감사드렸다.

염소와 송아지의 피로 하지 아니하고 오직 자기의 피로 영원한 속죄를 이루사 단번에 성소에 들어가셨느니라_히 9:12

> 그가 거룩하게 된 자들을 한 번의 제사로 영원히 온전하게 하셨느니라
> _히 10:14

단번에 영원한 속죄를 이루신 예수 그리스도를 영접하는 순간 우리의 죄는 완전히 없어지고 우리는 영원히 온전케 된 거듭난 새로운 피조물이 되었습니다.

> 그러므로 이제 그리스도 예수 안에 있는 자에게는 결코 정죄함이 없나니
> _롬 8:1

예수 그리스도께서 우리의 죄와 그에 대한 대가를 십자가에서 모두 담당하셨기 때문입니다. 이제 우리에게는 정죄함도 없고, 죄에 대한 대가로 치러야 할 형벌인 영원한 사망도 우리의 것이 아닙니다.

> 나는 살아 있는 자라. 전에 죽었으나, 보라, 내가 영원무궁토록 살아 있노라. 아멘. 또한 내가 지옥과 사망의 열쇠들을 가지고 있노라_계 1:18, 킹제임스흠정역

우리는 그저 '단순히 죄를 고백하면 용서해 주신다고 하셨으니까 용서해 주셨을 거야' 하는 정도로 생각하고 믿고 끝날 수 있습니다. 그러나 지옥과 사망의 열쇠를 가지신 그 분이 그 무섭게 화염을 내뿜

으면서 우리를 삼키려는 그 지옥의 입을 단 번에 닫아버리셨기 때문에 사탄이 우리를 아무리 유혹하고 얽어매어 끌어다가 그 불 속에 집어넣으려고 해도 예수를 믿는 우리 그리스도인들 앞에서는 그 입이 꽉 닫혀서 열 수가 없습니다. 죄 사함은 바로 이런 것을 내포하고 있다는 것을 아십니까? 우리 그리스도인이 된 사람들은 이렇게 특별한 사람들입니다. 우리를 위해 십자가에서 죽으시고 부활하신 예수님을 영접했다는 것이 얼마나 놀랍고 크신 하나님의 은혜이고 축복인지 우리는 정확히 알고 누려야 합니다.

예수님의 십자가는 내가 스스로 해결할 수 없는 죄의 사슬을 끊어주시고 저주와 심판에서 나를 구원해 주신 하나님 사랑의 절정입니다. 예수님의 부활은 내게 새 생명을 주시고 나로 의롭다 하심을 얻어 풍성한 하나님의 은혜와 복을 누릴 수 있게 합니다. 이 모든 것은 자격도 없고 공로도 없는 우리에게 값없이 거저 주시는 하나님의 은혜와 사랑의 극치입니다. 그토록 나를 사랑하신 주님의 그 사랑이면 충분하지 않습니까?

그런즉 누구든지 그리스도 안에 있으면 새로운 피조물이라 이전 것은 지나갔으니 보라 새 것이 되었도다_고후 5:17

겉으로는 달라진 것이 아무것도 없습니다. 그런데 엄청나게 달라진 것이 있습니다. 그것은 바로 나면서부터 죄와 사망의 법에 묶여 있던 우리가 죄 사함을 받고 사망으로부터 완전히 해방된 거듭난 자가 되었다는 것입니다(엡 2:5). 우리 자신이 그런 사람이라는 것을 알고 있습니까? 마음껏 자유함을 누리십시오.

사망아 네가 쏘는 것이 어디 있느냐_고전 15:55

이제 **강력한 죄의 형벌인 영원한 사망에서 완전히 해방되어 새 생명을 얻고 하나님의 의를 덧입은 우리에게는 이 땅에서의 그 어떤 핍박과 고난, 심지어 죽음조차도 아무 의미 없게 되었습니다.** 설령 고난 중에 있다 할지라도 그 고난이 오히려 유익이 될 수 있습니다. 고난을 통과하면서 욥은 다음과 같이 고백했습니다.

내가 주께 대하여 귀로 듣기만 하였사오나 이제는 눈으로 뵈옵나이다
_욥 42:5

전에는 하나님에 대해 듣기만 하였지만 고난을 통해 체험적으로 하나님을 만나게 되면서 깊은 하나님의 사랑과 섭리를 발견하게 되었다는 것입니다(시 119:71). 그것이 은혜입니다. 눈앞에 닥친 고난을 통해 신앙적으로 성숙해지고, 그런 가운데 하나님과는 더욱 친밀해지며, 그러다가 설령 육신으로는 죽는다 해도 오히려 그 좋은 천국, 영생의 나라에 더 빨리 도착하게 될 테니 얼마나 좋을까요? 여기에 예

수님을 영접해서 그리스도인이 된 사람들이 누리는 참 평안과 안식이 있습니다. 그래서 이것을 알고 믿고 있는 그리스도인들이 집행 날짜를 기다리고 있는 사형수들에게도 전도할 수 있고, 배가 조난당해 침몰하는 상황에서도 구명조끼를 벗어줄 수 있는 것입니다.

참 평안과
안식

바위 틈 낭떠러지 은밀한 곳에 있는 나의 비둘기야_아 2:14

하나님은 십자가에서 찢기신 주님을 피난처로 삼고 교제하는 우리를 "나의 비둘기야" 하고 부르십니다.

평안을 너희에게 끼치노니 곧 나의 평안을 너희에게 주노라 내가 너희에게 주는 것은 세상이 주는 것과 같지 아니하니라 너희는 마음에 근심하지도 말고 두려워하지도 말라_요 14:27

비록 여전히 부족하고 힘든 상황에 있더라도 오히려 우리와 함께 하시는 하나님의 사랑을 가슴으로 느끼고 확신하게 될 때 우리는 세상에서 맛볼 수 없는 참 평안과 안식을 누릴 수 있게 됩니다(히 4:16, 10:19).

십자가 그늘 아래 나 쉬기 원하네

저 햇볕 심히 뜨겁고 또 짐이 무거워

이 광야 같은 세상에 늘 방황할 때에

주 십자가의 그늘에 내 쉴 곳 찾았네

내 눈을 밝히 떠서 저 십자가 볼 때

날 위해 고난당하신 주 예수 보인다

그 형상 볼 때 내 맘에 큰 찔림 받아서

그 사랑 감당 못하여 눈물만 흘리네

십자가 그늘에서 나 길이 살겠네

나 사모하는 광채는 주 얼굴뿐이라

이 세상 나를 버려도 나 두려움 없네

내 한량없는 영광은 십자가뿐이라

하나님의 백성이 세상이라는 광야를 지나 예비하신 영원한 안식에 들어가도록 친히 이끄시는 구원의 전 과정을 단편적으로 성경은 다음과 같이 말합니다.

솔로몬 왕이 레바논 나무로 자기의 가마를 만들었는데 그것의 기둥들은 은으로, 바닥은 금으로, 덮개는 자주색 천으로 만들었고 그것의 한가운데는 예루살렘의 딸들을 위하여 사랑으로 깔았도다_아 3:9-10

이미 우리는 왕궁(천국)으로 들어가는 가마를 탔습니다. 우리 곁에는 우리를 사랑하시는 예수님께서 동행하고 계십니다. 결론부터 이야기하면, 거듭난 우리는 예수님의 사랑 안에서 안식하며 영원한 안식에 들어가는 과정에 있습니다.

솔로몬은 그 가마를 레바논 백향목으로 만들었습니다. 당시 세상에서 가장 좋은 나무는 백향목이었는데, 그중에서도 레바논 지역에서 나는 백향목은 아주 단단한 최고의 목재였다고 합니다. 이는 하나님의 완전성을 의미합니다. 뿐만 아니라 그 나무에서는 달콤한 향기가 난다고 합니다. 그 안에 가득한 주님의 위로와 구원의 기쁨의 향기는 늘 신선하면서도 우리 영혼을 날마다 새롭게 소성케 하며, 우리로 참된 안식과 평안을 누리게 합니다. 그 가마의 기둥들은 은으로 만들어졌는데, 은은 순결을 의미합니다(시 12:6).

흠 없는 자기를 하나님께 드린 그리스도의 피가 어찌 너희 양심을 죽은 행실에서 깨끗하게 하고 살아 계신 하나님을 섬기게 하지 못하겠느냐 _히 9:14

우리가 마땅히 받아야 했던 형벌을 대신 받으신 예수 그리스도는 거룩한 피로 우리의 모든 죄를 깨끗이 씻어 주셨고 우리가 고백할 때마다 죄를 기억하지 않고 도말하심으로 우리를 순결하게 하십니다.

가마의 바닥은 금으로 만들었습니다. 우리에게 베푸신 구원의 기초는 어떠한 상황에서도 변개치 않는 하나님의 영원한 구원 언약입니다. 가마의 덮개(canopy)는 자주색 천으로 만들었습니다. 우리 모두는 죄인이기 때문에 그 죄가 요구하는 사망이라는 대가를 지불해야만 합니다. 그러나 우리는 덮개로 가려진 은혜 안에 살고 있습니다. 그 덮개는 예수 그리스도께서 우리의 죄로 인한 형벌을 대신하여 십자가에서 흘리신 보혈의 공로입니다. 우리는 영원한 사망에서 완전히 해방되었습니다. 그리고 하나님의 의는 우리에게 보호막이 되어 주십니다. 이것이 예수 그리스도의 십자가 공로를 의지하여 새 생명을 얻은 사람들이 누리는 참된 안식입니다.

가마의 한가운데는 사랑으로 깔았다고 합니다. 이 모든 것이 값없이 주신 하나님의 한없는 사랑임을 말씀해 주고 있습니다. 우리의 삶에 어떠한 어려움이 있다 할지라도 우리는 그 사랑 안에서 살아가며 어디서 무엇을 하든 그 사랑이 우리를 둘러싸고 있습니다.

진정 아는가?
하나님께서 당신을 얼마나 사랑하시는지!

그를 위하여 나의 인자함을 영원히 지키고 그와 맺은 나의 언약을 굳게
세우며_시 89:28

때로는 믿음이 연약하여 내가 겪는 고통의 상황들이 가혹하다고
생각되기도 하지만 그동안의 모든 시련들이 하나님의 사랑 안에서 주
어진 것들임을 곧 깨닫게 됩니다. 하나님께서 자아를 내려놓지 못해
몸부림치는 우리의 못난 모습을 다 참아 주시고, 어떻게 우리에게 복
주셨는지 생각해 보십시오. 하나님의 특별한 섭리 가운데 우리 한 사
람 한 사람에게 임한 그분의 은혜의 역사들은 한없이 깊고 무한하며
영원히 인내하시는 하나님의 사랑입니다. 하나님이 우리를 이처럼
사랑하시는데 누가 감히 우리를 대적할 수 있겠습니까?(롬 8:31)

자기 아들을 아끼지 아니하시고 우리 모든 사람을 위하여 내주신 이가
어찌 그 아들과 함께 모든 것을 우리에게 주시지 아니하겠느냐 누가 능
히 하나님께서 택하신 자들을 고발하리요 의롭다 하신 이는 하나님이시
니 누가 정죄하리요 죽으실 뿐 아니라 다시 살아나신 이는 그리스도 예
수시니 그는 하나님 우편에 계신 자요 우리를 위하여 간구하시는 자시니
라 누가 우리를 그리스도의 사랑에서 끊으리요 환난이나 곤고나 박해나
기근이나 적신이나 위험이나 칼이랴_롬 8:32-35

나와 주님과의 데이트

나와 주님만의
비밀스러운 만남이
꼭 필요합니다

자, 이 시간 잠시 눈을 감고 마음의 눈을 열어 상상해 보십시오.

우린 이미 은혜의 가마를 타고 예수님 곁에 나란히 앉아 있습니다. 주위를 둘러보십시오. 내 머리 위에 있는 자색 덮개를 보십시오. 나를 위하여 피 흘리시고 죽어 주신 예수 그리스도의 대속의 은혜가 나를 덮고 있습니다. 그 덮개를 지탱하는 것은 은 기둥입니다. 그리스도께서 그분의 거룩한 피로 나를 씻어 주셨고 날마다 순간마다 씻어 주십니다. 금으로 된 가마를 바닥에 발을 내려놓을 때 주님께서 끝까지 나를 보존하고 지키실 것이라는 확신을 갖게 됩니다. 모든 것이 값없이 주신 하나님의 한량없는 사랑입니다.

어떠세요? 하나님의 사랑이 실제 가슴으로 느껴집니까?

그분은 살아 계십니다. 그리고 나도 살아 있습니다. 그분을 이 다음에 천국에 가서나 뵐 수 있는 분이라고만 생각하십니까? 주님은 지금도 내 곁에 계시면서 나와 대화하기 원하십니다. 그분께 몸을 맡기고 기대십시오. 그분의 가슴에 얼굴을 묻으십시오. 그리고 "주님, 감사합니다. 나도 주님을 사랑합니다"라고 조용히 감사와 사랑의 고백을 드리며 주님의 음성에 귀 기울여 보십시오. 자신의 감정을 솔직하게 고백하고 사랑을 속삭이며 그 것을 그대로 글로 기록해 보십시오.

구원받지 못한 영혼들의
최후가 어떠한지를 안다면

지금도 세상에는 많은 사람들이 참 평안과 안식을 얻지 못하고 수
고하며 무거운 짐을 진 채 살아가고 있습니다. 그들은 이미 하나님께
사형선고를 받은 사람입니다. 단지 아직 형이 집행되지 않았을 뿐입
니다. 그날이 언제인지 아무도 모릅니다. 그날은 내일일 수도 있습니
다. 10년 후 또는 30년 후일 수도 있습니다. 느닷없이 맞게 될 그날은
바로 육신을 벗어 놓고 이 땅을 떠나는 날이며 그대로 지옥의 화염에
삼켜지는 날입니다. 그리고 거기서 영원히 형벌을 받게 될 것입니다.

그러나 안타깝게도 그들은 이렇듯 분명하고도 절박한 사실을 전혀
모른 채 살아가고 있습니다. 이처럼 구원받지 못한 영혼들의 최후가
어떠한지를 안다면 어찌 우리가 잠잠할 수 있을까요?

인생은 짧지만 죽음 이후의 세계, 즉 천국 아니면 지옥에서 우리
는 끝도 없는 영원한 시간을 보내야 합니다. 우리가 이 세상을 떠나는
날이 언제인지는 아무도 모릅니다. 그날은 순서도 없고 기약도 없습
니다. 우리는 예수님의 은혜로 영원한 심판을 면제 받았습니다. 그러
나 아직 그 은혜를 입지 못한 주변의 사랑하는 사람들, 그들은 안타깝
게도 이러한 사실을 전혀 모릅니다. 느닷없이 맞게 될 그날, 그들은
분명 영원한 저주와 형벌을 피할 수 없게 될 것입니다. 어서 그들에게
이 복음을 들려주어야 합니다.

우리가 예수님을 믿고 영접해야 구원받고(행 16:31) 거듭난 하나님
의 자녀가 되는데, 믿음은 복음을 들을 때 생깁니다. 우리가 복음을
전할 때 성령님이 믿음이라는 선물을 살짝 밀어넣어 주시면 놀랍게도
복음이 믿어져서 예수님을 영접하고 구원받아 거듭나게 됩니다. 우

리가 다 그러지 않았습니까? 우리가 이 놀라운 은혜를 받은 것은 누군가가 우리에게 복음을 전해 주었기 때문입니다.

듣지도 못한 이를 어찌 믿으리요 전파하는 자가 없이 어찌 들으리요
_롬 10:14

우리가 전해서 듣게 해야 합니다. 아직 호흡이 있어 이 땅에 살고 있는 바로 지금이 이 소식을 들려줄 수 있는 유일한 기회입니다. 그들에게 복음을 들려주고, 어떻게 하든지 그들이 진심으로 예수님을 영접하도록 도와주는 것보다 더 시급하고 중요한 일은 없습니다.

우리는 놀랍고 엄청난 하나님의 은혜의 강물에 뛰어든 사람들입니다. 이 하나님 사랑의 강물은 밖으로 흘러갑니다. 혼자서만 누리며 안주할 것이 아니라 마땅히 이 강물을 타고 나가야 합니다. 하나님은 우리가 다른 사람들에게, 더 나아가서 열국을 향해 흘러가 이 귀한 사랑의 복음을 들려주는 일에 동참하기 원하십니다.

이 장을 공부하면서 특별히 생각나는 사람이 있습니까?
그 사람이 누구인지 적어 보십시오.

2
장
____

어서 오기만 해라
몇 번이고 씻어 주리라!
_죄

우리는 이미 참 평안과 안식을 주시는

하나님의 넓고 포근한 가슴에 안겨 있다.

하나님과 잠시라도 대화를 나눠 보았는가?

어떤 대화를 나누었는가? 어떠했는가?

용서하시고 도말하실 뿐 아니라
기억도 하지 않으신다니

교회에서 신앙 생활을 하는 한 자매가 있다. 그 자매는 진심으로 죄를 고백하고 회개하면서 예수님을 구주로 영접했지만 그 후로도 계속 과거에 지은 죄에 대한 죄책감에 시달려 거의 10년 동안 악몽같은 세월을 보냈다고 한다.

혹시 진심으로 회개를 했는데도 여전히 그 죄가 생각나고 괴로워서 밤잠을 제대로 이루지 못한 적은 없었나요?

나 곧 나는 나를 위하여 네 허물을 도말하는 자니 네 죄를 기억하지 아니하리라_사 43:25

우리가 진심으로 죄를 회개하고 예수님을 영접함으로 하나님의 품에 안기는 순간, 하나님은 우리의 모든 죄를 다 용서해 주시고(롬 3:25), 아예 도말해 버리실 뿐 아니라 놀랍게도 다시는 기억하지 않는다고 분명히 말씀하십니다.

> 미국 아이오와 주에서 목회하는 프랜시스 프랜지팬 목사는 하나님은 우리가 고백하는 죄들을 까마득히 잊어버리신다고 언급하면서 그것을 '신적 기억상실'(Exposing The Accuser of The Brethren, p. 24)이라고 했다. 그리고 한 목사는 그것이 하나님만이 가지고 계신 고유의 능력이라고 표현했다.

생각해 보십시오. 전능하신 하나님, 완전하신 하나님께 기억상실이라니요? 그것이 오직 하나님만이 가지고 계신 고유의 능력이라니요? 차마 악을 보지 못하시고 패역을 견디지 못하시는(합 1:13) 하나님은 참고 또 참으시다가 우리가 죄를 고백하기만 하면 그 즉시 마치 기억상실증에라도 걸린 양 말끔히 잊어 주십니다. 그것은 바로 우리를 향한 하나님의 절절한 사랑에서 나오는 힘이라고 할 수 있습니다.

오호라 나는
곤고한 사람이로다

그럼에도 우리는 본의 아니게 또 실수하고 여전히 죄를 지으면서 살고 있지 않습니까? 왜 그럴까요? 예수님의 대속의 은혜 때문에 하나님께서 전에 지은 죄를 간과하심으로(롬 3:25) 용서해 주시고 잊어 주시는 것뿐이지 우리의 죄성이 없어진 것이 아니기 때문입니다. 우리는 죄의 본성을 그대로 가지고 있습니다. 뿐만 아니라 우리가 죄를 씻음 받고 바로 하늘나라에 들어간 것도 아니고, 그렇다고 죄와 완전히 단절된 세계에서 사는 것도 아닙니다. 여전히 죄가 유혹하고 사탄이 공격하는 세상에 살고 있습니다. 그러니 죄성을 가지고 있는 우리가 다시 죄를 짓지 않는다는 것은 불가능한 일입니다.

나는 어떻습니까? 다시는 죄짓지 않고 열심히 하나님께서 기뻐하시는 삶을 살겠다고 굳게 마음먹지만 곧 다시 마음으로나 행동으로 죄짓는 것을 경험하고 있지 않습니까? 유독 되풀이되는 죄가 있다면 무엇인지 생각나는 대로 기록해 보십시오.

한 가지는 분명히 달라졌습니다. 넘어지고 쓰러지면서도 내면에서는 그것 때문에 갈등이 일어나고 있다는 것입니다. 바울도 그랬습니다. 원하는 선은 행치 않고 또 죄를 짓게 되는 자신을 보며 그는 "오호라 나는 곤고한 사람이로다"(롬 7:24)라고 탄식할 수밖에 없었습니다. 그러나 그것은 바로 내 속에 생명이 있다는 증거입니다.

불신자가 하나님의 말씀대로 살지 못해 괴로워하고 불안해하는 것을 보았습니까? 예수님을 영접하고 하나님께 생명을 받은(요 5:26) 거듭난 사람만 죄가 죄인 줄 압니다. 또한 깨끗이 세탁된 옷에 더러운 것이 조금만 묻어도 금방 눈에 띄듯, 원치 않는 죄 때문에 고민하며 갈등하는 가운데 나오는 이런 탄식은 예수님을 영접했더라도 믿음이 적은 사람보다는 믿음이 좋은 사람에게서 더 많이 나타나는 것을 볼 수 있습니다. 그렇다고 거듭되는 실수 때문에 쉽게 자책하며 '나는 자격이 없어' 하고 맡은 직분을 쉽게 내려놓는다거나 자신의 위치를 벗어나려고 한다면 그것은 문제가 됩니다.

영으로써
몸의 행실을 죽이면 산다

그러므로 형제들아 우리가 빚진 자로되 육신에게 져서 육신대로 살 것이 아니니라 너희가 육신대로 살면 반드시 죽을 것이로되 영으로써 몸의 행실을 죽이면 살리니_롬 8:12-13

하나님께서는 우리에게 죄책감에 빠진 상태에 머물러 있지 말라고 말씀하십니다. 그러면 안 됩니다. 이는 이전으로 돌아가 다시 육신대로 사는 것입니다. 죄책감에 빠져 사는 것은 예수님의 십자가의 희생을 무가치하게 만드는 어리석은 일입니다.

그러면 어떻게 해야 할까요? 영으로써 몸의 행실을 죽이면 됩니다 (롬 8:13). 악을 버리고 선하게 살라는 말씀일까요? 아닙니다. 우리가 회개할 때 하나님은 예수 그리스도의 십자가의 공로로 죄를 사해 주시고 의의 옷을 입혀 주신 것뿐이지, 죄 된 본성을 그대로 가지고 있는 인간에게 선한 행위를 기대할 수는 없습니다. 이것은 노력해도 안 됩니다. 애초부터 노력해서 될 수 있었다면 예수님이 십자가에서 죽으실 필요가 없었습니다. 그러면 어떻게 해야 할까요? **그 모습 그대로 주님 앞에 나와 죄를 자백하고 용서를 구해야 합니다. 그리고 성령님의 도우심을 간구해야 합니다.** 이것이 바로 영으로써 몸의 행실을 죽이는 방법입니다.

이제는 더 이상
법 아래 있는 자가 아니다

> 그러므로 우리가 믿음으로 의롭다 하심을 받았으니 우리 주 예수 그리스도로 말미암아 … 우리가 믿음으로 서 있는 이 은혜에 들어감을 얻었으며_롬 5:1-2

믿음으로 의롭다 함을 받는 순간 우리는 이미 은혜의 영역 안에 들어가 있습니다. 이것을 더 분명하게 나타내기 위해 바울은 "우리가 서 있는 이 은혜에 들어감을 얻었으며"라고 말합니다. 여기서 '서 있다'와 '들어감을 얻었다'는 모두 완료시제입니다. 우리는 이 은혜에 들어감을 허락받았을 뿐 아니라, 이미 그 안에 계속 머물면서 하나님과 화평을 누리게 된 것입니다.

그러므로 하나님이 전에는 우리를 진노 아래 있는 인간으로 보셨으나 이제는 재판관으로서 죄인을 보듯 보시는 것이 아니라 사랑의 눈으로 보고 계심을 잊지 말아야 합니다. 이것은 예수 그리스도를 믿음으로 말미암아 의롭다 하심을 얻은 자들에게 가장 경이롭고 놀라운 사실입니다. 참으로 형언할 수 없는 하나님의 은혜이고 복입니다. 여기서 우리에게 필요한 것은 오직 담대함과 확신입니다. 또한 **단순히 지식으로 멈추는 것이 아니라 이것을 자신의 실제 삶 가운데 적용하며 살아야 합니다.**

그러므로 우리는 긍휼하심을 받고 때를 따라 돕는 은혜를 얻기 위하여 은혜의 보좌 앞에 담대히 나아갈 것이니라_히 4:16

하나님은 우리를 너무도 상세히 잘 아십니다. 그러므로 앞으로 또 우리가 실수해서 죄를 짓더라도 진심으로 자백하면 용서해 주신다고 분명히 약속하셨습니다(요일 1:9). 우리는 그 약속을 붙잡고 담대히 나가기만 하면 됩니다. 심판의 보좌 앞이 아닌 하나님의 자녀로서 은혜의 보좌 앞으로 나아갑니다. 얼마나 놀랍고 소중한 일인지요!

그가 거룩하게 된 자들을 한 번의 제사로 영원히 온전하게 하셨느니라 _히 10:14

이 말씀은 믿는 자들에게 중요한 진리가 됩니다. 목욕 후에 손에 먼지가 묻으면 손만 씻으면 되듯(요일 1:9, 요 13:10), 우리는 예수님이 십자가에서 속죄 제물이 되심으로 그의 피의 대가로 죄 사함을 받았기에 그때마다 진심으로 죄를 자백하면 용서받을 수 있습니다. 이것이 예수 믿는 사람들이 누리는 특권입니다. 그러니 우리가 죄를 짓는 것이 문제이기도 하지만, 그보다 더 문제가 되는 것은 죄를 짓고도 자백하지 않는 것입니다.

어서 오기만 해라
몇 번이고 씻어 주리라

주님은 언제라도 우리의 죄를 씻어 주시기 위해 대야에 물을 담아 놓고 기다리십니다.

내가 너를 씻어 주지 아니하면 네가 나와 상관이 없느니라_요 13:8

이 말씀 속에서 우리를 향한 주님의 불붙는 가슴이 느껴지지 않습니까? 여전히 실수를 거듭하고 계십니까? 죄를 자백하고 용서를 구하십시오. 아무리 더렵혀진 발이라도 와서 그 대야에 '주저없이' 담그기만 하면, 주님은 그때마다 사랑으로 허리를 굽혀 또다시 깨끗이 씻어 주십니다.

그렇다고 컴퓨터에서 데이터를 삭제해 버리듯 우리가 자백할 때마다 삭제 버튼을 클릭하면 된다는 식으로 이 문제를 가볍게 생각하는 건 아니겠죠? 물론 주님은 우리가 자백할 때마다 그 즉시 깨끗이 씻어 주십니다. 그러나 그것은 아들을 버리면서까지 우리를 결코 포기하지 않으시는 하나님의 애절한 사랑에서 나오는 힘임을 반드시 기억해야 합니다. **하나님은 그만큼 우리가 죄에서 돌이키는 것을 기뻐하십니다. 왜냐하면 하나님은 거룩하신 분이셔서 우리가 거룩해야 그분과 함께할 수 있기 때문입니다.**

회개는 자백한다고
끝나는 것이 아니다

그렇다면 마음껏 죄짓고 나서 그 죄를 자백하고 용서를 빌면 되지 않을까요? 절대로 그렇지 않습니다. 회개는 자백만으로 끝나는 것이 아닙니다. 죄를 자백한다는 것은 죄를 깨닫고 잘못됨을 인정한다는 것이고, 다시는 그 죄를 짓지 않겠다는 각오와 결심을 고백하는 것입니다. 그리고 돌이켜서 성령님께 간구할 때마다 공급해 주시는 힘으로 죄와 싸우되 피 흘리기까지 싸워가며(히 12:4) 거룩하게 살려고 몸부림치는 것입니다. 이것이 참된 회개이고 죄에서 돌이킨 사람의 삶의 모습입니다.

그래도 계속 죄를 짓게 되면 어떻게 할까요? 은혜의 보좌 앞에 다시 나아가 "죄짓지 않게 하여 주소서" 하고 성령님께 간절히 도움을 구하면 됩니다. 하나님은 그 기도를 제일 기뻐하시지 않을까요. 그때에는 성령님께서 119보다 더 빨리 오셔서 도와주실 것입니다. 이것이 우리를 포기하지 못하시는 하나님의 사랑입니다.

율법적인 종교인, 이기적인 신앙인?

우리는 어려운 일을 만나면 흔히 자신이 죄를 지었기 때문에 죄값으로 받는 것이라고 생각하기 쉽습니다. 그러면서 낙심하고 좌절하며 자포자기하기도 합니다. 혹 그럴 때가 없으신가요? 그리고 주변에 어려움을 당한 사람에게 죄를 지었기 때문에 죄값을 받는 것이라고 말한 적은 없었나요? 분명한 것은 '죄의 값은 사망'(롬 6:23)이지 어려움이 아닙니다. 죄를 지을 때마다 죄값을 지불해야 한다면 그 누구도 이 세상에 남아 있을 수 없습니다.

> 그러므로 이제 그리스도 예수 안에 있는 자에게는 결코 정죄함이 없나니
> _롬 8:1

여기서 정죄란 말은 죄값으로 받는 하나님의 심판을 의미합니다. 그러나 그리스도인이 된 우리에게는 결코 정죄함이 없다고 말씀하시지 않습니까? 예수 그리스도를 영접한 우리가 죄와 허물로 인해 받는

어려움은 죄값으로 받는 심판이 아니라 단지 그의 거룩하심에 참여하게 하시기 위한 하나님의 징계일 뿐입니다.

> 주께서 그 사랑하시는 자를 징계하시고 그가 받아들이시는 아들마다 채찍질하심이라 하였으니 … 징계는 다 받는 것이거늘 너희에게 없으면 사생자요 친아들이 아니니라… 그들은 잠시 자기의 뜻대로 우리를 징계하였거니와 오직 하나님은 우리의 유익을 위하여 그의 거룩하심에 참여하게 하시느니라_히 12:6, 8, 10

제1차 대각성운동의 지도자였던 조나단 에드워즈는 하나님의 공의와 거룩에 대해 이렇게 설교했다.
"하나님의 눈은 죄를 짓고도 회개하지 않고 끼고 있는 죄를 거미나 더럽고 징그러운 벌레를 이글이글 타오르는 불 위에 던지려고 붙잡고 있는 것보다 천 배나 더 괴롭고 혐오스럽게 보고 계십니다. 그럼에도 오직 하나님의 손이 우리를 그대로 지옥 불에 던지지 않으시고 매 순간 붙들고 계십니다."

여기서 우리는 무엇인가를 깊이 깨닫게 됩니다. 그것이 무엇일까요? 우리는 실제 행동으로만 아니라 마음과 생각으로 크고 작은 죄를 얼마나 많이 짓고 있습니까? 그러면서도 우리는 아무렇지 않게 지나가지만 **그 혐오스런 죄를 짓는 우리를 차마 당장 불구덩이에 던져버리지 못하시고 깨닫고 돌이키기까지 붙들고 계시는 것이 하나님께는 참으로 견디기 힘든 고통인 것입니다. 하나님이 그토록 거룩하신 분이기**

때문입니다. 그 고통을 참고 또 참으시면서 우리에게 끊임없이 죄에서 돌이킬 기회를 주시며 기다려주시는 하나님! 진정 아십니까? 하나님께 서 당신을 얼마나 사랑하시는지!

혹 네가 하나님의 인자하심이 너를 인도하여 회개하게 하심을 알지 못하 여 그의 인자하심과 용납하심과 길이 참으심이 풍성함을 멸시하느냐 _롬 2:4

주와 같은 신이 어디 있으리이까 주께서는 죄악과 그 기업에 남은 자의 허물을 사유하시며 인애를 기뻐하시므로 진노를 오래 품지 아니하시나 이다_미 7:18

하나님께서는 우리에게 한없이 자비를 베풀기 원하십니다. 어떠 한 허물과 죄도 하나님께 돌아와 자백하기만 하면 몇 번이고 용서해 주십니다. 하나님께서는 우리가 죄책감에 못 이겨 멀리 도망가는 대 신, 언제든지 그분께 달려가기를 원하십니다.

주님을 모시고 있으면서도 마음에 기쁨이 없습니까? 평안이 없습 니까? 혼자만 알고 해결하지 못한 채 끌어안고 있는 고통스러운 죄 때문에 신음하고 있습니까? 우리 주님은 다 알고 계십니다. 그리고 그 죄를 주님 앞에 겸손히 내어놓기를 기다리고 계십니다. 잠자리에 들기 전에 하루의 일을 돌아보고 감사하며 지은 죄가 있으면 바로 자백하고 죄의 유혹을 물리칠 수 있는 힘을 달라고 성령님께 도움을 청하십시오.

그러나 하나님께서는 예수 믿는다고 하면서 한 쪽 구석에 쭈그리고 앉아 죄만 바라보며 용서해 달라고 훌쩍거리며 자백하고, 또 죄로 인해 벌을 받을까 봐 두려워서 하나님 앞에 나와 머리를 조아리며 용서를 구하고 또 죄 짓고 용서를 구하는 것을 반복하면서도 정작 죄의 굴레에서는 한 발자국도 벗어나지 못하는 삶으로 우리 생을 마무리하는 것을 절대로 원하지 않으십니다.

우리의 눈물은 감당할 수 없는 하나님의 은혜와 사랑에 감격해서 흐르는 눈물이어야 합니다. 자신의 내면을 돌아보며 거룩한 삶을 살려고 노력하는 것도 중요하지만 너무 죄의식에만 사로잡혀 그것에 함몰되면 안 됩니다. 그때마다 씻을 수 있는 복을 주셨으니 씻고 씻으면서 끊임없이 성령님의 도우심을 의지하고 힘 있게 기쁨과 감사가 넘치는 즐거운 삶을 살기 원하십니다.

하나님께서 나를 얼마나 사랑하는지 깊이 알면 알수록 나도 하나님을 사랑하게 됩니다. 율법적인 강요에서가 아니라 하나님을 사랑하기 때문에 말씀대로 살려고 애를 쓰며 죄를 멀리하게 됩니다. 그렇게 되어야 합니다.

그래도 여전히 죄를 짓게 됩니까? 그것이 바로 나입니다. 그때가 바로 나를 볼 수 있는 순간입니다. 주님의 은혜가 아니면 그럴 수밖에 없는 나를 기억하는 귀한 기회입니다. 그때 우리는 이나마 나의 나 된 것은 주님의 은혜라고 고백하면서 가슴 뭉클해하지 않습니까?

주님이 나를 얼마나 사랑하시는지 생각하면 우린 또 주저 없이 주님께 달려가 어린아이같이 주님의 가슴에 안깁니다. 어린아이들이 그러지 않습니까? 밖에서 온통 흙강아지가 되는지도 모르고 뛰놀다가 그대로 집에 들어갑니다. "왜 이렇게 더럽게 하고 놀았어?" 하고 야단치시겠지만 내쫓지 않고 씻어 주시고 맛있는 밥을 차려 주신다는 것을 우리는 으레 그냥 믿는 겁니다. 엄마니까 당연히 그러시는 것으로 여기면서 크지만 철이 들면 들수록 엄마를 좀 더 기쁘게 해 드리고 싶어집니다. 그것처럼 하나님이 나를 얼마나 사랑하시는지 알면 알수록 율법적인 강요에서가 아니라 하나님을 사랑하게 되어 말씀대로 살려고 애를 쓰며 죄를 멀리하게 되지 않습니까? 그렇게 돼야 합니다. 그렇지 않으면 자신도 모르는 사이에 율법적인 종교인이 되고 맙니다.

혹시 율법적인 종교인은 아닙니까? 이기적인 신앙인은 아닌가요? 참으로 주님의 은혜와 사랑에 감사해서 그분을 사랑하고 사모하면서 기쁨으로 주님을 섬기는 사람인지 자신을 살펴보십시오.

천 번을 불러도 (이권희 사, 곡) ♪ ♬

천 번을 불러 봐도 내 눈에 눈물이

멈추지 않는 것은 십자가의 그 사랑

나를 살리려 지신 그 십자가

모든 물과 피 나의 더러운 죄 씻으셨네

나를 향한 그 사랑 생명을 내어 주사

영원한 생명을 내게 주심을 감사해

천 번을 불러도 내 눈에는 눈물이

멈추지 않는 것은 십자가의 그 사랑

나를 살리려 하늘 보좌 버리신

나를 사랑하신 분 그분이 예수요

나와 주님과의 데이트

나와 주님만의
비밀스러운 만남이
꼭 필요합니다

이 시간 '예수님께서 허리를 굽혀 발을 씻어 주시는 모습'을 상상해 보십시오. 그리고 어떻게 하든지 죄의 길에서 돌이켜 돌아오기만을 바라시는 하나님의 활짝 열린 가슴을 바라보십시오.

아직 회개하지 못하고 있는 죄가 생각납니까? 그 모습 그대로 주님 앞에 달려가 죄를 고백하십시오. 한량없는 주님의 사랑을 잠시 묵상하면서 가슴이 저려 오는 뜨거운 감사의 기도를 드리십시오.

　　우리에게 베푸시는 하나님의 가장 큰 은혜이자 축복은 용서라고 생각한다. 이 은혜와 축복을 꼭 함께 누리고 싶은 사람이 있는가? 어떻게 하든지 죄의 길에서 돌이켜 돌아오기만을 바라시는 하나님의 활짝 열린 가슴을 볼 수 있게 해야 한다. 이토록 죄인을 용서하기를 열망하시는 하나님의 사랑의 메시지를 꼭 전해 주시라.

3
장
—
아빠!
_자녀

천 번을 불러 봐도 눈물이 멈추지 않는

십자가의 그 사랑을 묵상하면서

하나님과 잠시라도 마주앉아 시간을 가져 보았는가?

얼마나? 어떤 대화를 나누었는가? 어떻게?

1. 그 사랑 얼마나 크고 놀라운지요!(자녀 된 자의 권세)

영접하는 자 곧 그 이름을 믿는 자들에게는 하나님의 자녀가 되는 권세를 주셨으니 요 1:12

우리가 진심으로 죄를 회개하고 예수님을 영접하여 하나님께 의롭다 하심을 받는 순간 우리는 거듭난 하나님의 자녀가 되었습니다. 하나님과의 관계가 회복된 것입니다. 사탄의 종, 죄의 종이었던 우리의 신분이 완전히 바뀌고 지위가 바뀌었습니다. 참으로 형언할 수 없는 은혜이며 사랑입니다. 이것이 예수님을 믿는 사람들이 의롭다 하심을 받은 결과요 복입니다.

아빠!

> 하루는 우리 막내 사위가 이렇게 말했다.
> "어머니보다 '엄마'라고 하면 안돼요?"
> 그 소리를 듣는 순간 얼마나 기쁘고 행복했던지 당장 그러라고 하고 싶었다.
> 그러나 나는 이렇게 말했다.
> "'엄마'는 배 아파서 자식 낳고 기저귀 갈아가며 땀과 정성을 다 쏟아 자식을
> 키우신 분만이 들을 수 있는 자격이 있지. 난 '엄마' 소리 들을 자격이 없어.
> 마음으로만 그렇게 들을게."

하나님은 우리에게 그분을 아빠라고 부를 수 있게 해 주셨습니다. 어떠세요? 높고 높은 보좌에 계신 하나님을 생각하며 두렵고 떨리는 마음으로 "하나님 아버지!" 하고 부를 때와 "아빠!" 하고 부를 때의 느낌이 전혀 다르지 않은지요? 우리가 하나님을 아빠, 아버지라고 부를 수 있게 해 주셨다는 것은 우리를 그토록 기쁘게 받으시는 하나님의 마음을 그대로 표현해 주신 것입니다. 무한한 애정과 친밀함으로 언제라도 부담 없이 달려가 안길 수 있는 그런 관계로 말입니다.

> 너희는 다시 무서워하는 종의 영을 받지 아니하고 양자의 영을 받았으므로 우리가 아빠 아버지라고 부르짖느니라_롬 8:15

여기 "너희는 다시 무서워하는 종의 영을 받지 아니하고"에서 '다

시'는 "다시 물리지 않는다, No return!"이라는 의미입니다. 얼마나 완벽한 관계를 말씀해 주고 계신지요! 사탄을 향해 힘껏 소리치고 싶을 정도로 우리 가슴을 통쾌하게 해 주지 않습니까? 요한은 이렇게 소리쳤습니다.

> 보라 아버지께서 어떠한 사랑을 우리에게 베푸사 하나님의 자녀라 일컬음을 받게 하셨는가, 우리가 그러하도다_요일 3:1

당시 요한의 심정을 한 번 상상해 보십시오. 얼마나 당당해하면서 이 편지를 썼을까요? 이해를 좀 더 돕기 위해 의역을 해서, 그리고 자신의 이름을 넣어서 한 번 외쳐 보십시오.

"아버지께서 ○○에게 베푸신 사랑이 얼마나 큰지 아십니까?
그 큰 사랑으로 '○○는 내 아들(딸)이야'라고 하셨습니다.
○○가 바로 그런 사람입니다!"

우린 하나님의 자녀로서 그분 앞에 나아가면서 요한처럼 이렇게 당당해 본 적이 있었나요? 하나님은 우리를 그분의 형상대로 만들어진 보석처럼 보십니다. 하나님은 우리 모두가 하나님 아버지께 이렇게 사랑받는 자녀라는 확신에 찬 기쁨과 자부심을 가지고 살아가기를 원하십니다.

하나님은 우리 때문에
기쁨을 이기지 못 하신다

가끔 손녀가 집에 온다. 한 번 안아 보자 하면서 가슴을 활짝 펴고 두 팔을 벌리고 있으면, 단숨에 달려와 폭 안긴다. 너무너무 기쁜 나머지 그 귀여운 손녀에게 뽀뽀를 하고 볼을 비비고 손녀를 들어올려 한 바퀴 돈다. 거기다 손녀가 예쁜 짓을 좀 하면 숨이 넘어갈 것 같은 웃음을 터뜨리면서 그만 반해 버린다.

하나님이 우리를 그렇게 사랑하신답니다. 하나님이 우리를 얼마나 사랑하시고 기뻐하시는지를 스바냐서를 통해 잘 알 수 있습니다.

그가 너로 인하여 기쁨을 이기지 못하여 하시며 너를 잠잠히 사랑하시며 너로 인하여 즐거이 부르며 기뻐하시리라 하리라_습 3:17

여기에서 '즐거이'는 황홀한 충동으로 기뻐 뛰며 빙글빙글 도는 것을 말합니다. 하나님이 우리 때문에 기쁨을 이기지 못하실 정도로 매우 기뻐서 숨이 넘어갈 것 같은 웃음으로 빙글빙글 도시고 더덩실 춤을 추시며 어쩔 줄 몰라 하신답니다. 그 장면을 한 번 상상해 보십시오. 하나님 앞에 우리가 그런 존재랍니다.

그토록 우리를 사랑하시는 하나님을 우리가 '아빠 아버지'라 부를 수 있게 되었다는 것은 그 누구에게도 말할 수 없는 속내를 하나님께 다 털어놓고 허심탄회하게 하나님과 대화할 수 있는 길이 활짝 열렸다는 의미이기도 합니다. 우리는 매일 출근길에 운전하면서도 하나님과 대화할 수 있고 평범한 일상생활에서도 하나님을 경험할 수 있습니다. 그러나 바쁜 생활 중에 장소와 시간을 정하여 지속적으로 하나님과 교제하는 것을 일상생활의 가장 중요한 부분으로 계획한다면, 하나님께서 얼마나 기뻐하실까요? 그때마다 하나님의 사랑과 그분의 충만하심과 풍성하심을 삶 가운데 경험하게 될 것입니다.

내가 예수님과
동등한 상속자라니

그뿐입니까? 자녀가 되는 순간, 우리는 하나님의 상속자가 되었습니다.

자녀이면 또한 상속자 곧 하나님의 상속자요 그리스도와 함께한 상속자니_롬 8:17

로마 시대의 부권은 대단했다고 합니다. 따라서 한 아버지의 자녀가 양자가 되기 위해서는 굉장히 엄중한 법적 절차를 밟아야만 했습니다. 그 사람의 사회적 지위, 재산 상속까지 관계되기에 모든 것을 철저하게 처리해야만 했습니다. 고아원에서 아이를 입양해 오는 그런 정도가 아닙니다. '그리스도와 함께한 상속자'는 그리스도와 공동 상속자, 그리스도와 동등한 상속자, 친아들과 똑같은 상속자라는 의미입니다. 성부 하나님 안에서 성자 예수님께서 누릴 수 있는 모든 은혜와 영광을 우리가 함께 누릴 수 있게 해 주셨다는 뜻입니다.

> 너희 마음의 눈을 밝히사 그의 부르심의 소망이 무엇이며 성도 안에서 그 기업의 영광의 풍성함이 무엇이며_엡 1:18

이 구절은 천국에 올라가서 이미 그 모든 사실을 보고 온 바울이(고후 12:2) 에베소 교인들을 위해 안타까운 마음으로 기도한 내용의 일부입니다. 바울은 우리를 위해 하나님께서 예비해 놓으신 복이 얼마나 풍성한지를 보게 해 달라고 기도합니다. 하나님이 우리를 위해 예비해 놓으신 영원한 나라, 거기서 누릴 그 은혜와 복과 영광이 얼마나 굉장한지를 알고 있다면 우리는 하루하루를 허투루 살지 않을 것입니다. 기대하십시오. 우리가 이다음에 천국에 가서 보게 된다면 너무 어마어마하고 황홀하고 찬란해서 입을 다물지 못하겠지요!

자녀 된 자의
권세

이쯤 되면 우리가 어느 정도로 하나님의 자녀 된 특권을 누리게 됐는지를 감히 상상할 수 있을 것입니다. 그런데 그것뿐만이 아닙니다. 하나님은 우리에게 복을 주시기 원하십니다. 창세기 1장 28절에서 하나님은 사람을 만드시고 제일 먼저 복을 주시면서 그것을 누리며 살도록 명령하셨습니다.

하나님이 그들에게 복을 주시며 하나님이 그들에게 이르시되 생육하고 번성하여 땅에 충만하라, 땅을 정복하라, 바다의 물고기와 하늘의 새와 땅에 움직이는 모든 생물을 다스리라 하시니라_창 1:28

아브라함이 갈대아 우르를 떠나 가나안 땅에 들어갈 때 하나님께서 그에게 "너는 복이 될지라"고 말씀하셨습니다. 죄가 관영함을 보시고 하나님이 사람 지으심을 후회하시면서 의인 노아와 그 가족만 남겨놓고 다 홍수로 멸하시지 않으셨습니까? 그리고 다시 노아를 통해 새로운 세상을 시작하실 때도 하나님은 창세기 1장 28절과 똑같은 말씀으로 축복하시고 명령하셨습니다.

너희는 생육하고 번성하며 땅에 가득하여 그 중에서 번성하라 하셨더라

_창 9:7

　　하나님은 우리가 영광스런 천국의 기업과 함께 이 땅에서도 복을 받아 하나님의 자녀 된 권세를 마음껏 누리며 번성하기를 원하십니다. 그래서 예수님께서도 진정한 하나님의 복을 받은 자로 이 땅에서도 천국을 누리는 행복한 삶을 살게 하고 싶으셔서 천국 백성이 마땅히 살아야 할 삶의 가치관과 방법을 말씀해 주셨습니다(마 5:3-12). 더구나 우리는 부활 시대에 살고 있지 않습니까? 죄와 죽음과 원수의 권세를 깨뜨리시고 부활하신 예수 그리스도로 말미암아 주시는 권능을 가지고 우리가 주님과 함께 이 땅을 정복하고 다스려 나가기 원하십니다. 그것이 우리를 향한 하나님의 계획이랍니다.

　　아버지의 만지심 사역(The Father's Touch Ministry)의 스티브 트룰링거 목사는 '아버지의 마음'을 주제로 강의하는 중에 다음과 같이 우리를 향한 하나님 아버지의 마음을 설명했다.
　　"병들고 상처 난 새를 집으로 가지고 와서 새장에 넣어 놓고 치료해 주었습니다. 얼마 후 그 새가 완전히 치유된 것을 보고 새장을 밝은 곳으로 옮겨 놔 준 것이 아니라 새장 문을 열고 풀어놔 주었습니다. 그러면서 '너는 매번 갇혀 있던 새장에 와서 너를 고쳐 주고 풀어 준 것을 감사해야 한다'고 하지 않았습니다. 이제는 건강하게 기뻐 창공을 나르며 마음껏 자유를 누리는 것이 고쳐 주고 풀어 준 자의 뜻입니다."

너희를 두고 계획하고 있는 일들은 오직 나만이 알고 있다. 내가 너희를 두고 계획하고 있는 일들은 재앙이 아니라 번영이다. 너희에게 미래에 대한 희망을 주려는 것이다. 나 주의 말이다_렘 29:11, 표준새번역

결코 예수 그리스도의 십자가의 희생과 하나님 아버지의 한량없는 그 사랑을 망각해서는 안 됩니다. 그러나 너무 거기에만 머물러 있지 마십시오. 하나님은 우리를 위해 번영(flourishing)을 계획하셨습니다. **그 엄청난 은혜와 사랑을 받아 사탄의 굴레에서 해방된 자답게 이제는 하나님께서 주신 복을 내게 주신 개성과 재능을 통해 힘 있게 드러내면서 하나님의 뜻을 성취해 나가야 합니다.** 그로 인해 하나님께 감사하고 기뻐 찬양하며 마음껏 영광 돌리는 삶을 살다가 그날을 맞으십시오. 이제 하나님의 최종적인 계획의 완성은 영원한 기쁨과 번영의 나라, 새 하늘과 새 땅에서 보고 누리게 됩니다.

내가 온 것은 양으로 생명을 얻게 하고 더 풍성히 얻게 하려는 것이라 _요 10:10

자기 아들을 아끼지 아니하시고 우리 모든 사람을 위하여 내주신 이가 어찌 그 아들과 함께 모든 것을 우리에게 주시지 아니하겠느냐_롬 8:32

풀러신학대학교의 선교학과 문화인류학 교수인 찰스 크래프트 박사는 주머니에서 마스터 카드를 꺼내들면서 다음과 같이 하나님의 자녀 된 권세를 설명하곤 했다. "부자인 아버지가 아버지 이름 밑에 아들 이름을 넣은 신용카드를 빼서 아들에게 주면서 '가지고 가서 네가 원하는 대로 사용해라. 갚는 것은 내가 알아서 할게.' 하고 주시는 것과 같습니다."

이런 이야기를 들으면 대부분 물질적인 것을 먼저 생각합니다. 그러나 여기서 반드시 놓치지 말아야 할 것은 그토록 우리를 아낌없이 사랑하시는 하나님의 마음입니다.

내 이름으로 무엇이든지 내게 구하면 내가 행하리라_요 14:14

아무것도 염려하지 말고 다만 모든 일에 기도와 간구로 너희 구할 것을 감사함으로 하나님께 아뢰라_빌 4:6

하나님은 우리가 어떤 상황에 있든지 삶의 모든 문제를 들고 하나님께 나오기를 기다리고 계십니다. 우리의 필요를 직접 들으시고 응답해 주길 원하십니다. 무엇이든 하나님과 의논하고 그분께 부탁하십시오.

그러나 흔히 말하는 물질이나 건강이라든지 육신의 행복을 전혀 배제하는 것은 물론 아니지만 하나님은 그 자체에 목적을 두지 않으십니다. 그것은 하나님께서 우리에게 주고자 하시는 것들 중 아주 작은 일부입니다. **하나님께서 가장 간절히 원하시는 것은 하나님의 임재 가운데 주님이 주신 생명의 역사가 우리 안에서 어두움을 헤치고 활짝 피어나 사랑과 기쁨, 평화와 공정의 열매를 풍성히 맺는 성도의 삶을 사는 것입니다.**

우리의 어깨를
으쓱하게 하는 것이 또 있다

예수님을 영접하기 전에는 우리가 죄의 종이 되어 죄가 우리 안에서 왕 노릇했습니다. 그러나 이제는 예수 그리스도를 모시고 우리가 왕 노릇하며 살게 되었습니다. 예수 그리스도 때문에 우리가 왕 같은 사람이 되었기 때문입니다. 믿음으로 이 왕권을 마음껏 행사하십시오.

내가 너희에게 뱀과 전갈을 밟으며 원수의 모든 능력을 제어할 권능을 주었으니 너희를 해칠 자가 결코 없으리라_눅 10:19

마귀를 대적하라 그리하면 너희를 피하리라_약 4:7

사회적으로 상당히 지위가 높은 아버지의 자녀가 나쁜 아이들에게 괴롭힘을 당할 때마다 쉴 새 없이 전화로 "아빠, 저 애들이 자꾸 날 괴롭혀요! 와서 혼 좀 내 주세요, 빨리요!"라고 말한다. 그때마다 아버지는 "김 비서, 우리 집 애한테 좀 빨리 가 봐! 에이 못난 자식!"이라고 말하며 또 비서를 보낸다. 그런 일이 반복되자 아버지는 자녀에게 이렇게 말한다. "매번 일이 생길 때마다 내게 전화할 거니? 이젠 네가 해결하거라. '까불지 마! 너희들, 우리 아버지가 누군지 알아? 우리 아버지한테 말하면 너희들 다 혼날 거야.' 왜 이렇게 말하지 못하니? 그럼 그 애들이 더 이상 널 괴롭히지 않을 거란다."

우리에게 주신 예수 이름의 권세를 가지고 직접 대적하고 물리치라는 것입니다. "예수 이름으로 명령하노라!" 하는 말은 바로 "너 내가 누군지 알아?"라는 말입니다. 자신이 처한 현실을 살펴보고 필요한 부분들을 향해 지금 당장 믿음으로 선포하고 명령하면서 우리에게 주신 왕권을 행사하십시오. "우리 가정에 평안이 있을지어다!", "질병은 떠나가라!", "사업은 불같이 일어날지어다!", "우리 교회에 하나님의 큰 부흥이 있을지어다!" 하고 선포하십시오.

할렐루야! 와우! 너무 감사하지 않습니까? 그리스도 안에서의 우리의 위치와 권세를 생각하면 내게 베풀어 주신 그 은혜와 사랑이 얼마나 넓고 크신지요! 알면 알수록 더 감사할 수밖에 없고 그래서 우리를 한없이 행복하게 해 주지 않습니까? 이것이 복음입니다.

강물같이 흘러넘치는 하나님의 사랑의 메시지, 이 복음을 지식으로만 받아들이는 것이 아니라 마음에 깊이 새기고 그저 흠뻑 젖어 있다면

우리는 가눌 수 없는 벅찬 감격을 안은 채 그분을 경배하고 기뻐 찬양하지 않을 수 없습니다. 주님 앞에 서는 날까지 우리 가슴에서 신앙의 불이 계속 타오를 것입니다. 바로 이것을 우리 하나님은 그렇게 원하십니다. 우리가 원하는 하나님 안에서의 진정한 행복 또한 이것 아닌가요?

🎵 그 사랑 (설경욱 사, 곡) ♪ ♬

그 사랑 얼마나 아름다운지
그 사랑 얼마나 날 부요케 하는지
그 사랑 얼마나 크고 놀라운지를
그 사랑 얼마나 나를 감격하게 하는지

———

나와 주님과의 데이트

나와 주님만의

비밀스러운 만남이

꼭 필요합니다

이 장에서 감동과 은혜를 받은 내용이나 성경 말씀이 있다면,

그중 하나를 택해 다시 한 번 깊이 묵상해 보십시오.

그리고 나를 사랑하시는 하나님의 사랑을 깨닫고 느끼는 대로

"주님, 감사합니다"로 시작해서 주님과 나눈 대화 내용을 기록해 보십시

오.

전파하는
자가 없이
어   찌
들으리요

아들의 호소를 외면한 채 모질게 등을 돌리셨지만 우리를 향해 가슴을 활짝 여시며 우리를 부르신 하나님. 그분의 품에 달려가 안긴 사람만이 거듭난 하나님의 자녀가 될 수 있고 이 풍성한 하나님의 은혜와 사랑을 깨닫고 누릴 수 있다. 이 놀라운 은혜와 사랑을 꼭 함께 누리고 싶은 사람이 내 주위에 누가 있는가? 어서 이 복된 소식을 전해 주자.

언제든지 우리와 만나 허심탄회하게 대화하기 원하시는

그분과 잠시라도 마주 앉아

둘만의 뜨거운 사랑을 나누어 보았는가?

얼마나? 어떻게?

2. 온통 우리를 독차지하고
   싶어 하십니다(자녀 된 자의 생활)

어느 사모님이 교통사고를 당해 여러 날을 병원에 입원해 있었다. 남편 목사
님은 목회하면서 집회까지 다니다보니 늘 곁에 있을 수가 없었다. 하루 종일
사역하다가 저녁 늦게야 잠깐 병원에 들르곤 했는데 그때마다 사모님은 이
렇게 말했다.

"오늘도 주님이 다녀가셨어요."

찰스 스펄전 목사는 하나님은 마치 이 세상에 오직 나 하나밖에 없는 것같이
그렇게 우리 한 사람 한 사람을 사랑하시고 온통 관심을 쏟으며 돌보신다고
하였다.

진정 아십니까? 하나님께서 당신을 얼마나 사랑하시는지. 언제 이
런 하나님의 사랑을 느껴보셨나요?

내가 네 얼굴을 보게 하라 네 소리를 듣게 하라 네 소리는 부드럽고 네 얼

신랑 되신 주님의 얼마나 간절하고 열렬한 사모함입니까! "네 소리는 부드럽고 네 얼굴은 아름답구나!" 이 부분을 영어 성경은 이렇게 표현하고 있습니다. "For your voice is sweet, and your face is lovely"(NIV). 주님은 우리 목소리를 들으실 때 가슴이 저려 오듯 달콤함을 느끼신답니다. 그 인자한 눈으로 우리의 얼굴을 들여다보시노라면 주님은 너무나도 사랑스러워서 어찌할 줄을 모르신답니다.

어떠신가요? 당신은 이토록 열렬한 하나님의 사랑, 불타는 사랑을 얼마나 느끼고 있습니까? 이 말씀을 읽는 순간 얼마나 큰 위로가 되는지요! 하나님께서 나같은 자를 왜 이렇게 사랑하시는지를 생각하면 기쁘고 감사해서 어린아이처럼 행복하기만 합니다. 그런데 이 말씀을 묵상하는 중에 하나님은 그 사랑을 좀 더 실감나게, 더 진하게 느낄 수 있도록 이런 통찰을 주셨습니다.

> 부부가 아기를 갖고 싶어 아주 사랑스런 아이를 상상한다. 그리고 아기를 잉태하기 전부터 두 사람은 그 아기를 사모하면서 마음에 품지 않는가? 드디어 아기가 잉태되었다.
> 아기가 엄마 뱃속에서 자라고 있지만 엄마는 아직 아기의 얼굴을 보지 못했다. 그런데도 엄마는 배를 쓰다듬으며 태아를 사랑한다. 마침내 엄마는 엄청난 고통 가운데 아기를 낳게 되고 품에 안는 순간 그 아이는 참으로 부모의 마음을 온통 다 빼앗아간다.

산모가 아기를 낳고 나면 너무나 큰 고통을 지불하고 낳은 아이이기 때문에 그 아이가 그렇게 사랑스럽고 귀하게 느껴지는 것이 아닙니다. 태어난 아기가 유난히 예쁘게 생겨서도 아닙니다. 물론 그 아기가 부모의 눈앞에서 예쁜 짓을 하면 얼마나 사랑스럽겠습니까! 그러나 그것 때문도 아니라는 것입니다. 부모는 그저 그 아이가 태어나기도 전부터 그 존재 자체를 사랑했습니다. 그 아이는 온통 부모의 사랑을 받으면서 태어났고, 자라면서도 어떤 모습에도 상관없이 한결같은 부모의 사랑을 독차지하고 있습니다. 바로 그와 같은 사랑을, 아니 그것과는 비교할 수 없는 너무나도 큰 사랑을 우리가 하나님께 받고 있다는 것을 아십니까?

오직 우리를 향한
하나님의 불타는 사랑 때문이다

결코 우리의 어떤 됨됨이 때문이 아닙니다. 그렇다고 단지 우리가 죄 가운데 살다가 그대로 지옥 가는 것이 불쌍하기 때문에 하나님이 예수님을 십자가에서 대신 죽게 하심으로 우리를 구원해 주신 것도 아니고, 십자가에서 그 엄청난 값을 지불하고 얻었기 때문에 우리를 그렇게 귀한 존재로 사랑하시는 것은 더욱 아닙니다. **창세전부터 하나님은 우리를 일방적으로 열망하셨습니다. 우리를 위해서라면 자신을 다 쏟아 부으셔도 전혀 아깝지 않을 정도로 사랑하고 사모하기 때문에**

도무지 우리를 포기할 수 없으셨던 것입니다. 오직 우리를 향한 하나님의 불타는 사랑 때문입니다.

그러나 너무나도 커다란 우리의 죄가 하나님과 우리 사이를 가로막고 있었습니다. 어느 누구도 그것을 해결할 수 없었기에 결국 하나님은 자기의 독생자 예수 그리스도를 이 땅에 보내셨습니다. 예수 그리스도께서 우리의 죄를 대속하시기 위해 그 엄청난 값을 지불하신 고통의 과정을 기억하십니까?

하나님의 아들 예수 그리스도는 바로 성자 하나님이십니다. 그분은 자신을 비워 인간의 몸을 입고 이 땅에 오셔서(빌 2:7) 아픔과 굶주림, 온갖 모욕과 미움, 시기, 멸시, 억울함을 다 당하시고 배신까지 당하셔서 결국 누명을 쓰시고 채찍에 맞은 후 십자가에 달리셨습니다. 물과 피를 다 쏟으시고 하나님 아버지께 버림받는 극심한 고통 속에서 "내가 목마르다!" 말씀하신 후 십자가 위에서 죽으셨습니다. 하나님은 이렇게 예수님을 통해 엄청난 대가를 지불하셨습니다. 그러시고는 "내가 너를 이토록 사랑한다"라고 분명하게 우리에게 보여 주지 않으셨나요?

> 우리가 아직 죄인 되었을 때에 그리스도께서 우리를 위하여 죽으심으로 하나님께서 우리에 대한 자기의 사랑을 확증하셨느니라_롬 5:8

결코 우리에게 그럴 만한 자격이 있어서가 아닙니다. 하나님께서는 우리가 여전히 죄인임에도 우리를 위해 예수 그리스도를 죽게 하시면서(고후 5:21) 우리에 대한 자신의 사랑을 확실하게 보여 주셨습니다. 그리고 다시 살아나신 예수 그리스도의 의를 우리에게 입혀 놓으시고 우리를 바라보실 때마다 우리가 사랑스러워 어쩔 줄을 몰라 하신답니다.

여기 "우리에 대한 자기의 사랑을 확증하셨느니라"는 부분이 한글 성경에는 과거형으로 표기되어 있지만 본래는 현재형(demonstrates)입니다. 그것은 창세전부터 우리를 사랑하신 하나님이 예수 그리스도의 십자가 희생을 통해 우리를 그토록 사랑하신다는 것을 확실하게 보여 주시고는, "봤지? 알았지? 믿어! 그리고 힘 빠질 때마다 늘 기억해! 내 사랑을 기억하고 상기하면서 살다 와! 그럼 힘이 날 거야"라고 말씀하시는 것이 아니란 말입니다. 우리를 사랑하신다는 것을 확증해 주시고는 그 후로도 계속, 물론 지금 이 시간에도 여전히 우리를 사랑하시고 앞으로도 변함없이 사랑하실 것을 확실하게 보여 주고 싶으셨던 것입니다. 우리로 하여금 이렇게나 견고한 믿음을 갖게 해 주시는 놀랍고 크신 하나님의 은혜가 아닌지요? 로마서 5장 9절 말씀은 이것을 더욱 분명하게 보여 줍니다.

그러면 이제 우리가 그의 피로 말미암아 의롭다 하심을 받았으니 더욱 그로 말미암아 진노하심에서 구원을 받을 것이니_롬 5:9

우리는 이 말씀을 통해 앞으로 이 세상에서 모든 고난을 지날 때뿐만 아니라 마지막에 이 땅에 쏟아부으실 무서운 하나님의 진노 앞에서도 하나님께서 우리를 사랑하실 것임을 확신하게 됩니다. 진정 아십니까? 하나님께서 당신을 얼마나 사랑하시는지. 주님은 바로 그런 우리와 함께 하나님 나라를 회복해 가시다가 마침내는 주님이 예비해 놓으신 그 좋은 천국에 우리를 데리고 가셔서 영원토록 영광 받으시며 우리와 함께 영원히 살기 원하십니다. 이것이 바로 주님이 이 땅에 오신 목적이고 소원입니다. 또한 우리도 그날을 바라보며 같은 소망 가운데 살아가기를 원하십니다(고후 3:12).

하나님의
자녀다운 생활

이런 하나님의 자녀가 되었으니 마땅히 하나님이 기뻐하시는 그분의 자녀 된 생활을 해야 하지 않겠습니까?

영접하는 자 곧 그 이름을 믿는 자들에게는 하나님의 자녀가 되는 권세를 주셨으니_요 1:12

여기 "그 이름을 믿는 자들에게는"에서 '믿는'(헬라어 Pisteuo, 피스튜오)은 현재 분사형으로 '붙잡는다'는 의미입니다. 예수님을 믿는다는 것이 단순히 그분을 영접한 것으로 끝난 것이 아니라는 뜻입니다. 그분을 항상 철통같이 붙잡고 따라가면서 믿는 믿음으로, 실제 모든 삶속에서 그분과 함께 믿음의 행보를 시작한 때부터 그분을 계속 신뢰하며 나아간다는 말씀입니다. 그것이 예수님과 동행하는 삶입니다.

예수님의 이름은 '임마누엘이라 할 것이라' 말씀하셨습니다. 임마누엘은 'God is with us.' 즉 '하나님이 우리와 함께하신다'는 뜻입니다. **깨어 있든지 자든지 그분과 함께 살아가는(살전 5:10) 바로 그것이 우리의 신앙생활이 되어야 합니다.** 예수님 영접한 것을 천국 티켓 받아 났다고 생각하여 그 티켓을 캐비닛 속에 집어던지고, 영접했으니 이제 됐다고 하며 다시 옛 모습 그대로 살아가면 절대로 안 된다는 것입니다.

오직 너희는 그리스도의 복음에 합당하게 생활하라_빌 1:27

이제부터 너희는 이방인이 그 마음의 허망한 것으로 행함 같이 행하지 말라_엡 4:17

우리는 이제 버릴 것은 버리고 이전의 모습을 떠나 하나님의 자녀다운 생활을 추구해야 합니다. 하나님이 싫어하실 것 같은 생각은 조금이라도 하지 마십시오. 나쁜 영향력을 미치는 사람들과의 관계를 정리해야 합니다. 하나님 앞에 잘못된 습관이나 환경에서 떠나야 합니다. 그리고 주님과 매일 만나 교제를 나누는 시간을 계획하십시오. 말씀과 기도를 생활화하여 하나님을 좀 더 알고자 힘써야 합니다(호 6:3, 요 17:3).

하나님은 온통 우리를
독차지하고 싶어 하신다

성경을 보면, 하나님께서 "이렇게 하라, 저렇게 하라, 이렇게 하지 마라, 저렇게 하지 마라" 하시지만 이것은 율법적인 관계에서 요구하시는 것이 아닙니다. 하나님의 사랑에 초점을 두어야 합니다.

우리를 너무도 사랑하시는 하나님은 온통 우리를 독차지하고 싶어 하십니다. 하나님은 우리가 끊을 것을 다 끊어버리고 오직 하나님만 깊이 사랑하기를 바라십니다. **우리가 하나님 외에 조금이라도 다른 데 관심을 두고 마음 뺏기는 것을 못 견뎌 하십니다.** 하나님 외에 다른 데 마음을 빼앗긴다는 것은 결국 그만큼 죄에 빠져든다는 것인데 그것을 참지 못하시는 하나님을 성경은 다음과 같이 표현합니다.

네 하나님 여호와는 질투하는 하나님인즉_출 20:5

하나님의 '질투'는 인간의 욕정에서 나오는 인간적인 감정이 아니라 하나님의 거룩성을 말합니다. 거룩해야 하나님과 하나가 될 수 있기 때문입니다. 하나님은 우리가 점도 없고 흠도 없이 주 앞에 서기를 원하십니다(벧후 3:14). 이를 위해 이제부터 우리 스스로 단장해야 합니다(딤전 2:9, 계 21:2). 그럼 어떻게 단장해야 할까요?

> 너희는 유혹의 욕심을 따라 썩어져 가는 구습을 따르는 옛 사람을 벗어
> 버리고 오직 너희의 심령이 새롭게 되어 하나님을 따라 의와 진리의 거
> 룩함으로 지으심을 받은 새 사람을 입으라_엡 4:22-24

> 너희는 이 세대를 본받지 말고 오직 마음을 새롭게 함으로 변화를 받아
> 하나님의 선하시고 기뻐하시고 온전하신 뜻이 무엇인지 분별하도록 하
> 라_롬 12:2

하나님의 자비하심으로 의롭다 함을 받은 우리는 이 세대를 본받지 말고 하나님의 뜻을 따라 새롭게 변화된 삶을 살아야 한다고 말씀하십니다. 이것이 예수 그리스도를 믿는 하나님의 자녀 된 생활이라고 하십니다.

하나님의 선하신 뜻은 우리의 모든 관계 속에서 이루어집니다. 첫째는 하나님과의 관계 속에서 그분의 선하신 뜻을 분별하면서 살아야 합니다. 그리고 나 자신과 다른 사람과의 관계에서도, 물론 예수님을 믿지 않는 세상 사람들과의 관계에서도 하나님의 뜻을 분별하며 살아야 하고, 나와 원수가 된 사람과의 관계에서도, 더 나아가 국가와의

관계에서도 하나님의 선하시고 기뻐하시는 뜻을 분별하여 행해야 한다고 말씀합니다.

성경은 우리의 신앙생활에 거울과도 같습니다. 결혼식을 올리기 위해 신랑을 기다리는 신부가 거울 앞에서 보고 또 보고 매만지며 매무새를 다듬듯 열심히 성경을 읽고 말씀을 듣고 배우며 온 마음과 정성을 다해 단장하고 준비해야 합니다.

설레는 마음으로 주님 맞을 준비를 하며 우리를 향한 하나님의 열정적인 사랑에 잠길 때 그 사랑은 우리 안에 있는 수치심, 패배감, 열등감, 두려움, 주저함 등 모든 부정적인 것들을 순간 다 제거해 주지 않습니까? 어떠한 상황에서도 우리에게 새 힘을 주어서 우리의 영을 소생시키고 행복하게 만들어주지 않습니까? 비록 부족하고 누추하며 연약한 우리이지만 이렇게 하나님의 사랑을 가슴으로 느끼고 확신하게 될 때 그 사랑은 그때마다 우리로 하여금 다시 주님을 향한 열심을 품게 하고 담대하게 주님 앞에 나아가게 합니다(히 4:16, 10:19). 낙심하지 마십시오. 좌절할 필요도 없습니다. 외로워하거나 슬퍼하지 마십시오. 진정 아십니까? 하나님께서 당신을 얼마나 사랑하시는지!

끊어야 하고 버려야 할 것이 아직 남아 있습니까? 그 목록을 한 번 적어 보십시오. 그리고 그것을 주님 앞에 다 내려놓으십시오. 주님께서는 우리가 그런 것들에서 마음을 돌이켜 온 마음을 다해 주님 한 분만을 사랑하기 원하십니다. 또한 현재 삶 속의 모든 관계를 자세히 살펴보십시오. 혹 어그러진 부분이 있으면 회개하고 바로잡아 가며 주님의 도움을 구하십시오. 이렇게 매일매일 살피고 단장하면서 그날이 오기까지 오로지 주님을 앙모하며 하나님께서 기뻐하시는 거룩한 삶을 살기 원한다고 간구하십시오.

 온 맘 다해 (Babbie Mason 사, 곡) ♪ ♬

온 맘 다해 사랑합니다
온 맘 다해 주 알기 원하네
내 모든 삶 당신 것이니
주만 섬기리 온 맘 다해

나와 주님만의
비밀스러운 만남이
꼭 필요합니다

지금 이 시간에도 나를 바라보고 계신 사랑 가득한 주님의 눈빛을 믿음으로 바라보십시오. 그리고 어린아이같이 그분의 따뜻한 가슴에 얼굴을 묻으십시오. 우리를 향해 불타는 그 열렬한 사랑의 박동 소리를 귀 기울여 들어보십시오.

어떠신가요? 하나님의 사랑이 실제로 가슴으로 느껴지시나요? 이제 "주님, 감사합니다. 나도 주님을 사랑합니다. 더 사랑하기 원합니다. 온통 주님만 사랑하기 원합니다" 하고 주님께 조용히 사랑의 고백을 드리면서 그분의 음성에 귀 기울여 보시기 바랍니다. 자신의 감정을 솔직하게 고백하고 사랑을 속삭이며 그것을 글로 기록해 보시겠습니까?

전파하는
자가 없이
어   찌
들으리요

하나님이 세상을 이처럼 사랑하사 독생자를 주셨으니 이는 그를 믿는 자
마다 멸망하지 않고 영생을 얻게 하려 하심이라_요 3:16

주님은 오늘도 우리뿐 아니라 택한 모든 백성들이 하나님께 돌아
와 하나님께 사랑받는 자라는 확신에 찬 기쁨을 가지고 살아가기를
원하신다. 우리의 할 일은 오직 때를 얻든지 못 얻든지, 언제 어디서
나 누구를 만나든지 이 열렬한 하나님의 사랑과 소원을 그들에게 전
해 주는 것이다.

나는 항상
네 안에 있단다!
_성령님

우리에게 "내가 네 얼굴을 보게 하라 네 소리를 듣게 하라"(아 2:14)고
말씀하시며 열렬한 사랑으로 우리를 만나고 싶어 하시고
온통 독차지하고 싶어 하시는 주님.
그분과 잠시라도 마주 앉아 시간을 가져보았는가? 얼마나?

1. 그리스도의 영이 없으면
그리스도인이 아니다(성령님의 내주)

너희는 너희가 하나님의 성전인 것과 하나님의 성령이 너희 안에 계시는
것을 알지 못하느냐_고전 3:16

우리가 마음을 열고 진심으로 예수님을 영접한 그 순간, 영으로 우리 안에 들어오셔서 죄로 인해 죽은 상태에 있던 우리 영을 다시 태어나게 하셔서 우리는 거듭난 영의 사람이 되었습니다. 구약 시대에 성령님은 필요하실 때 특정인에게 임하셨습니다. 신약 시대에는 예수님이 승천하신 이후로 예수님을 영접하는 자들 안에 들어와 계십니다. 그때부터 우리 몸은 하나님의 영인 성령님을 모신 성전이 되었습니다.

만일 너희 속에 하나님의 영(성령)이 거하시면 너희가 육신에 있지 아니

하고 영에 있나니 누구든지 그리스도의 영(성령)이 없으면 그리스도의 사람이 아니라_롬 8:9

하나님이 우리를 보실 때 우리 안에 성령님이 계신지를 보십니다. 참된 그리스도인에게는 그리스도의 영인 성령님이 계신다는 뜻입니다. 그러므로 내가 과연 그리스도인인지를 알려면 내 안에 성령님이 계신지를 확인해 봐야 합니다.

그럼 성령님이 내 안에 계신 것을 어떻게 알 수 있습니까? 우리는 예수님을 영접하면 그분이 내 안에 들어와 계신다는 사실을 성경을 통하여 잘 알고 있습니다. 그러나 그것을 어떻게 입증할 수 있을까요? 이렇게 확인할 수 있습니다.

① 예수님이 나를 구원해 주신 분(구주)이고 인생의 주인이시라고 입으로 시인하고 그렇게 믿고 있습니까? 그렇다면 이미 성령님이 내주하고 계시다는 증거입니다. 성령님이 역사하시지 않으면 누구라도 예수를 '주'라고 고백할 수 없습니다.

성령으로 아니하고는 누구든지 예수를 주시라 할 수 없느니라_고전 12:3

② 특별히 누가 그렇게 하라고 가르쳐 주지 않았어도 하나님을 아버지라고 부르고 있습니다. 그리고 그것이 그냥 믿어집니다.

③ 찬양할 때, 기도할 때, 혹은 말씀을 묵상하거나 예배를 드릴 때 하나님이 함께 계심을 느끼곤 합니다. 그리고 점점 영적인 세계의 일들이 깨달아지고 그대로 믿어집니다. 이 얼마나 신기한 일입니까? 이는 예수님을 영접함으로 죄로 인해 죽었던 우리 영혼을 다시 살아나게 하셔서 거듭난 영의 사람이 되게 하셨기 때문입니다. 이 모든 것이 내 안에 계신 성령님의 역사입니다.

④ 나로서는 도저히 용서할 수 없을 것 같은 사람을 용서할 수 있게 됩니다. 그 사람이 다시 미워질 수도 있겠지만 일단 용서하고 사랑하게 됩니다.

⑤ 하나님의 뜻대로 살지 않으면 마음이 불편하고 부담스럽습니다. 예를 들어, 말씀에 기록한 대로 이웃을 내 몸처럼 사랑하지 못하거나 거짓말을 하게 되면 마음이 불편하고 괴롭습니다. 이런 마음은 불신자에게는 없습니다. 전에는 죄인지 몰랐는데 지금은 하나님 앞에 악하다고 생각되는 모든 것을 버리고 싶어집니다.

⑥ 하나님을 위한 거룩한 소원이 생깁니다. 예를 들어 선교사가 되고 싶은 마음이 생기거나 하나님이 기뻐하시는 선한 일들을 해야겠다는 생각이 듭니다.

> 너희 안에서 행하시는 이는 하나님이시니 자기의 기쁘신 뜻을 위하여 너희에게 소원을 두고 행하게 하시나니_빌 2:13

이 모든 것이 거듭난 사람으로 성령님이 내주하고 계시다는 증거이며, 우리는 그것을 믿어야 합니다. 과연 내 안에 성령님이 들어와 계신 것이 분명합니까?

> 내가 결코 너희를 버리지 아니하고 너희를 떠나지 아니하리라 하셨느니라_히 13:5

우리는 마치 혼자 사는 것처럼 지낼 때가 너무 많습니다. 그러나 성령님은 결코 우리를 버리지도 떠나지도 아니하시며 천국에 들어가는 그날까지 우리 안에 함께 계시면서 인도하십니다. 완전한 구원과 영생과 천국의 풍성한 기업과 면류관 등 가장 귀하고 영광스러운 것들을 예비해 놓으신 그 천국으로 말입니다. 얼마나 기대가 됩니까?

> 기록된바 하나님이 자기를 사랑하는 자들을 위하여 예비하신 모든 것은 눈으로 보지 못하고 귀로 듣지 못하고 사람의 마음으로 생각하지도 못하였다 함과 같으니라_고전 2:9

생각해 보십시오. 영이 죽은 상태에 있는 불신자들은 이런 세계의 일을 전혀 모른 채 살고 있지 않습니까? **이런 사실을 세상 사람의 눈으로는 보지 못하고, 세상 사람들의 귀로는 듣지 못하며, 세상 사람의 마음으로는 도저히 생각할 수도 없습니다. 그러나 성령을 모신 거듭난 성도들에게는 성령님이 하나님의 지혜와 믿음을 주셔서 우리를 위해 예비하신 이 모든 것을 깨닫게 하시고, 믿게 하시며, 바라보고 가게 해 주시지 않습니까? 얼마나 크고 놀라운 은혜인지요!** 오죽하면 피터 뵐러나 찰스 웨슬리는 자신에게 만 입이 있다면 그 모든 입으로 하나님을 찬양하겠다고 했겠습니까!

> 찰스 웨슬리는 회심한 지 1년 가까이 되는 어느 날, 그의 회심에 영향을 준 피터 뵐러가 "만 입이 내게 있다면, 그 모든 입으로 하나님을 찬양하겠소"라고 말하는 것을 듣고 영감을 받아 '회심 1주년을 기념하여'라는 제목으로 18절로 된 찬송시를 지었다. 그중에서 7–12절만을 뽑아 독일인 칼 고텔프 글래서가 작곡한 것이 찬송가 23장 "만 입이 내게 있으면"으로 지금까지도 세계적으로 널리 애창되고 있다.

맡기지 않은 물건은
책임지지 않는다

우리는 예수님을 영접하면서 "이 시간 내 마음을 열고 예수님을 영접합니다. 이제부터 예수님이 내 인생의 주인이 되어 주시고 천국 가는 날까지 동행해 주옵소서" 하고 고백합니다. 이것은 이제부터 내 인생의 주인이 내가 아니고 예수님이 되어 달라고 하는 고백입니다. 삶의 주인이 바뀐 것입니다.

우리를 사랑하기 때문에 생명까지 내어 주신 예수님은 그때부터 우리 삶의 주인이 되셔서 부활의 능력과 권세로 우리의 삶을 다스리기 원하십니다. 그런데 우리는 주님을 주인으로 모시고 살겠다고 하고서도 여전히 나 혼자, 내가 다 합니다. 그러다가 내 힘으로 안 되면 원망하고 절망하며 슬퍼하고 낙심합니다. **오랫동안 예수님을 믿고 있으면서도 삶에 변화가 없습니까? 여전히 내가 삶을 주장하고 있기 때문입니다.**

목욕탕 입구에 붙어 있는 '맡기지 않은 물건은 책임지지 않습니다'라는 안내문을 보신 적 있습니까? 성령님의 인도하심에는 실수가 없습니다. 우리 자신을 그분께 맡기고 그분의 인도하심에 순종하며 따르기만 하면 성령께서 모든 일을 친히 이끌어 주십니다. 우리를 사랑하시는 그분을 믿고 그분이 우리의 생각과 삶을 주장하시도록 핸들을 내어드리면 됩니다. 얼마나 편합니까? 결코 속박이 아닙니다.

주는 영이시니 주의 영이 계신 곳에는 자유가 있느니라_고후 3:17

내 인생의 주인은 누구입니까? 예수님을 영접하고 나서 참으로 나의 주인이 바뀌었습니까? 이것이 매우 중요합니다.

하나님은 우리의
강력한 지원자이시다

여호와의 눈은 온 땅을 감찰하사 전심으로 자기에게 향하는 자에게 능력을 베푸시나니_대하 16:9

하나님은 우리의 연약함을 너무나도 잘 아십니다(시 103:14). 우리가 연약하기 때문에 성령님은 우리 안에 계시면서 그 능력으로 우리의 연약함을 도우십니다(고후 12:9). 처음에는 "나는 못해" 하다가 어느 정도 신앙생활하다 보면 하나님이 나를 필요로 하신다고 생각해서 내가 하나님의 일을 해 드리는 것처럼 생각하고 하나님을 섬기지는 않습니까? 그것은 마치 하나님을 빈곤하고 의존적인 분으로 보이게 할 수 있습니다. 나로서는 아무것도 할 수 없는 존재이지만 하나님의 뜻을 따라 그분을 섬길 때에 하나님은 변함없이 언제나 필요한 것을 공급하시며 능력을 베푸시는 분임을 늘 마음에 새기고 있어야 합니다.

만일 누가 말하려면 하나님의 말씀을 하는 것 같이 하고 누가 봉사하려면 하나님이 공급하시는 힘으로 하는 것 같이 하라 이는 범사에 예수 그리스도로 말미암아 하나님이 영광을 받으시게 하려 함이니 그에게 영광과 권능이 세세에 무궁하도록 있느니라 아멘_벧전 4:11

하나님은 우리의 강력한 지원자이십니다. 하나님이 강력한 후원자로서 언제나 모든 일에 우리를 섬기고 계신다는 확신은 우리로 하여금 얼마나 힘 있고 행복한 신앙생활을 하게 하는지 모릅니다. 모든 일에 하나님을 의지하여 순종으로 나갈 때 그분의 역사하심이 드러나게 되고 그때마다 하나님은 영광을 받으시고 기뻐하십니다. **세상에서 가장 배고픈 사람처럼 늘 하나님의 은혜를 갈망하고 순간순간 그분의 도움을 구하십시오. 오늘도 성령님을 통해 무슨 일을 하실지 매일 기대하며 살아가게 될 것입니다.**

이와 같이 성령도 우리의 연약함을 도우시나니 우리는 마땅히 기도할 바를 알지 못하나 오직 성령이 말할 수 없는 탄식으로 우리를 위하여 친히 간구하시느니라_롬 8:26

여기서 '도우시나니'가 현재형으로 기록되어 있다는 것은 성령님이 단지 옛날에만 도우셨던 것이 아니라 지금도 여전히 도우신다는 말씀입니다. 우리가 비록 참기 힘든 고난을 당하고 있다 할지라도 바로 우리 안에 내주하시는 성령님의 도우심으로 그 고난과 역경을 능히 통과할 수 있습니다.

우리가 알거니와 하나님을 사랑하는 자 곧 그의 뜻대로 부르심을 입은 자들에게는 모든 것이 합력하여 선을 이루느니라_롬 8:28

세상을 살아가면서 많은 실패와 좌절과 난관에 부딪히겠지만 그것이 결코 비극이 될 수 없고 더 이상 실패가 될 수도 없습니다. 우리는 어려운 순간을 넘기고 나서 오히려 그것을 통해 더 좋은 결과를 보게 되면 하나님이 합력해서 선을 이루어 주셨다고 감사해 합니다. 그것도 맞습니다. 그러나 하나님께서 본래 의도하신 여기에서의 '선'은 전적으로 구원에 초점이 맞추어져 있음을 잊지 말아야 합니다. **우리 하나님이 모든 일을 통하여 우리를 점도 없고 티도 없는 영광스런 존재로 그분 앞에 세우실 것입니다.** 결국 우리 인생의 마지막은 승리로 예정되어 있음을 다음의 말씀을 통해 더욱 분명히 알 수 있습니다.

> 누가 정죄하리요 죽으실 뿐 아니라 다시 살아나신 이는 그리스도 예수시니 그는 하나님 우편에 계신 자요 우리를 위하여 간구하시는 자시니라
> _롬 8:34

지금까지 살아온 모든 것이 하나님의 은혜였고 앞으로도 예수 그리스도를 믿는 우리는 하나님의 은혜로 살 것입니다. 어제도 우리를 도우신 하나님이 오늘도 우리를 도우시고 또 내일도 도와주셔서 우리의 삶 가운데 모든 것이 합력하여 선을 이루게 하시고 하나님의 영광이 차고 넘치게 만들어 주실 것입니다. 그러므로 그리스도인으로서 우리 삶은 그 자체가 모두 놀라운 간증거리입니다.

내게 능력 주시는 자 안에서
모든 것을 할 수 있다

너희 안에 계신 이가 세상에 있는 자보다 크심이라_요일 4:4

성령님은 사망 권세를 이기고 부활하신 예수 그리스도의 능력으로 (롬 1:4) 우리 안에 들어와 계십니다. 완전하신 능력과 지혜를 가지신 분이 나와 함께 계십니다. "나는 도저히 할 수 없다"고 단정할 때 성령님은 내 안에서 "내가 할 수 있다"고 하십니다. "난 할 수 없어"라는 말은 거짓 겸손이며 큰 교만입니다.

혹 어떤 일에 부딪혔을 때 종종 본의 아니게 뒷걸음치거나 움츠러들지는 않습니까? 아마도 언젠가 새로운 일을 시도했다가 주위 사람들에게 조롱이나 비난을 받아 그것 때문에 큰 상처를 받았을 수도 있습니다. 그러나 하나님은 우리가 그런 것 때문에 속박당하거나 눌려 있는 것을 원치 않으십니다. 그런 일로 기억나는 사람이 있으면 그 사람을 용서하고 축복하십시오. 그리고 나서 "나는 내게 능력 주시는 예수 그리스도를 통해 모든 것을 할 수 있는 충분한 능력이 있다"고 입으로 시인하고 고백하십시오. 내가 할 수 있는 것이 아닙니다. 내게 능력 주시는 자 안에서 모든 것을 할 수 있습니다(빌 4:13).

그러나 내가 걸림돌이 되지 않아야 성령님이 마음껏 나타내십니다. 하나님은 우리 안에 계신 성령님의 그 크신 능력과 지혜로 우리가 이 땅을 정복하고 다스리며 살아가기 원하십니다. 바울은 이것을 깨달았습니다. 그는 순간마다 그분이 주시는 힘으로 그 놀라우신 능력과 긍휼과 사랑과 위대하심을 많은 사람 앞에 드러내보이며 그 은혜의 영광을 찬송하였고 세상이 감당할 수 없는 사람으로 살았습니다.

앞으로 우리는 점점 더 어려운 세상을 살아가게 될 것입니다. 그런 것을 생각하면 우리에게 성령님이 내주하고 계시다는 것이 얼마나 큰 축복인지 모릅니다. 날마다 성령님을 사모하고 그 능력을 기대하며 기도하십시오. 내 안에 계신 성령님께 늘 도움을 청하면서 그분이 주시는 힘과 능력으로 이기고 이기고 또 이기다가 천국에 들어갑니다.

이 시간 손에 쥐고 끙끙대는 것이 무엇인지 적어 보고, 모두 그분의 손에 올려 드리십시오.

🎵 목마른 사슴 (시 42:1-2, Martin Nyastron) ♪ 🎶

주님만이 나의 힘 나의 방패 나의 참 소망
나의 몸 정성 다 바쳐서 주님 경배합니다

———

나와 주님과의 데이트

나와 주님만의
비밀스러운 만남이
꼭 필요합니다

이 장에서 감동과 은혜를 받은 내용이나 성경 말씀이 있다면 그중 하나를 택해서 다시 한 번 깊이 묵상해 보십시오.

나를 향한 하나님의 사랑을 깨닫고 느끼는 대로 "주님, 감사합니다"로 시작하여 주님과 나눈 대화 내용을 기록해 보십시오.

그리고 내게 베풀어 주신 은혜가 얼마나 놀라운지, 나를 향한 그분의 사랑이 얼마나 넓고 깊은지 보게 해 달라고, 그것을 마음에 담아 새기고 또 새기면서 살게 해 달라고 기도하십시오. 그것만이 주님 앞에 서는 날까지 우리 가슴에 신앙의 불이 꺼지지 않고 활활 타오르게 할 수 있습니다.

이 땅을 살아가는 동안 오직 주님만이 우리의 힘이요, 방패요, 소망이 되신다. 그분과 잠시라도 마주 앉아 시간을 가져 보았는가? 어떠했는가? 예수 그리스도로 말미암아 한량없는 은혜와 복을 받았는가? 하나님이 주신 그 모든 것을 마음껏 펼쳐 가면서 우리 삶을 통해 이 복이 흘러가게 해야 한다. 그 복이 임하는 곳마다 놀라운 번영이 일어나고 복 받는 사람 속에는 형언할 수 없는 평안과 기쁨과 감사가 넘쳐나게 될 것이다.

이 땅을 살아가는 동안 오직 주님만이 우리의 힘이요,

방패요, 소망이 되신다.

그분과 잠시라도 마주 앉아 시간을 가져 보았는가?

어떠했는가?

2. 그때까지 못 참겠다 나와라!
함께 누리자!(성령님과의 친밀한 교제)

예수님은 하나님 보좌 우편에서 우리를 위해 간구하고 계시고 성령님은 내 안에서 내가 미처 기도하지 못하는 것까지 말할 수 없는 탄식으로 우리를 위해 친히 간구하십니다. 우리가 이렇게 복된 사람이 되었습니다. 이 모든 것이 예수님을 영접한 사람만이 하나님 안에서 누리게 되는 크고 놀라운 축복이고 은혜입니다. 우리가 복음을 듣고 예수님을 영접했다는 것이 얼마나 큰 축복인지요!

우리를 너무나도 열망하시고 사랑하시는 하나님께서 처음부터 우리에게 주시고자 계획하신 것이 있습니다. 그것은 바로 기쁨이고 번영(렘 29:11)입니다. 그래서 하나님은 에덴에 동산을 창설하셔서 친히 지으신 아담과 하와를 거기에 두셨고(창 2:8) 그들에게 생육하고 번성하여 땅에 충만하라고 명령하셨습니다(창 1:28). 에덴은 '기쁨'이란 뜻을 가지고 있습니다. 하나님은 거기 기쁨의 동산에서 우리와 함께 모든 것을 다스리며 영원히 기쁘고 즐겁게 살기 원하셨습니다. 비록 인간의 조상 아담의 죄로 인해 다 잃어버리고 말았지만 예수 그리스도를 통해 다시 회복시켜 주시지 않았습니까? 뿐만 아니라 우리를 의롭다 하시고 은혜와 복을 주시며 영화롭게 하셨습니다.

> 미국 노스캐롤라이나 주에서 목회하는 그리어 목사는 "하나님이 당신에게 복을 주신 데는 복의 통로가 되리라는 뜻이 담겨져 있다. 당신이 복음의 저수지가 되는 것은 하나님의 뜻이 아니다. 하나님은 당신이 복음의 강이 되길 원하신다"라고 하였습니다(담장을 넘는 크리스천 p. 64).

　예수 그리스도로 말미암아 한량없는 은혜와 복을 받았습니까? 우리는 하나님이 주신 그 모든 것을 마음껏 펼쳐 가면서 우리 삶을 통해 이 복이 흘러가게 해야 합니다. 그런 가운데 복이 임하는 곳마다 놀라운 번영이 일어나고 복을 받는 사람 속에는 형언할 수 없는 평안과 기쁨과 감사가 넘쳐나게 될 것입니다. 그래서 우리 모두가 그 기쁨을 주님과 함께 이 세상에서뿐 아니라 천국에 가서까지 영원히 누리는 것이 우리를 향한 하나님의 뜻입니다. 이것이 우리에게 주신 복음입니다. 오직 우리의 할 일은 때를 얻든지 못 얻든지 힘써 복음을 전하여 이 복이 그들에게 흘러 들어가게 해야 합니다. 그것을 위해 우리를 도우시는 분이 계십니다.

곧 내가 그들 안에 있고 아버지께서 내 안에 계시어 그들로 온전함을 이루어 하나가 되게 하려 함은 아버지께서 나를 보내신 것과 또 나를 사랑하심 같이 그들도 사랑하신 것을 세상으로 알게 하려 함이로소이다

_요 17:23

성령님이 우리 안에 내주해 계신 중요한 목적 중 하나는 우리를 향하신 하나님의 열정적인 사랑을 알게 해 주시는 것입니다.

어느 해 연말이었다. 늘 하던 대로 한 해를 보내고 새해를 맞으면서 3일 동안 하나님 앞에 금식하며 기도했다. 모처럼 하는 특별 작정기도라 할 수만 있으면 모든 기도 제목을 다 끌어다가 목록을 만들어 제일 중요하고 급한 것부터 순서대로 번호를 써 놓고 기도했다.

"이것도 주시고 저것도 주시면 더 열심히 잘하겠습니다. 이것은 꼭 이렇게 해 주세요" 하면서 힘을 다해 주님께 부르짖어 기도했다. 3일이 다 지나고 20분만 있으면 금식이 끝나는 시점에 배도 고프고 지치기도 해서 '이젠 빨리 끝내고 뭐라도 좀 먹었으면 좋겠다. 주님도 그만하면 들으실 만큼 들으셨겠지' 하는 생각으로 "주님이 알아서 하세요. 전 주님만 있으면 돼요" 하며 방석에 얼굴을 묻고 텁석 엎드렸다. 바로 그때 주님이 말씀하셨다.

"난 널 원해!"

순간 눈물이 왈칵 쏟아지면서 완전히 정신을 잃은 사람처럼 엎드려 있었다. 주님은 나를 끌어안아 주시면서 "여기도 뭐가 묻었구나" 하시며 내 옷을 벗겨서 새 옷으로 갈아입히시고, "추웠겠구나" 하시며 담요같은 것을 끌어다 덮으시고 등을 쓰다듬어 주시며 두런두런 이야기를 하셨다.

나도 마치 친정집에 온 딸이 이것저것 넋두리하듯 주님께 아뢰다 보니 어느덧 기도 시간이 다 돼서 일어났다. 대략 20분 정도의 시간이었는데 무척 긴 시간을 보낸 것 같았다. 얼마나 마음이 가볍고 평안했는지….

그때부터 신앙생활의 패턴이 완전히 바뀌었다. "난 널 원해!"라고 말씀하시던 주님의 음성을 자주 묵상하곤 한다. 나도 모르는 사이에 주님을 뒷전으로 밀어내고 사역과 교회 문제 등 온통 다른 것들을 끌어안고 힘들어 바둥대면서 어느새 주님보다는 다른 데 마음을 다 뺏기고 거기에 온통 마음이 가 있는 것 주님은 그것이 싫으셨던 것이다. 얼마나 죄송했는지….

나를 향한
하나님의 끊임없는 열망

참으로 하나님을 사랑하기 원하며 늘 하나님 안에 있기를 원하는 마음을 가지고 열심히 헌신하고 충성하지만 그 마음이 늘 있다고 해서 그것이 하나님과 친밀한 관계에 있음을 보증하지는 않습니다. 때로는 사역에 바쁘고, 그러다 보면 자신도 모르게 하나님이 아니라 그 사역과 해결해야 하는 문제들로 마음이 점점 채워지면서 하나님과 멀어져가기도 합니다. 그런가 하면 우리는 여러 가지 문제들을 안고 하나님께 나가는데 때로는 특별한 장소와 시간을 정하여 많은 시간을 간구합니다. 사람들은 흔히 자기의 필요를 찾는 것이 하나님을 찾는 것이라고 착각하는 것 같습니다. 그러나 그렇게 해서 필요를 채울 수 있을지는 모르나 하나님으로 채울 수는 없습니다. 그것은 하나님을 찾는 것이 아니라 자기의 필요를 찾는 것이기 때문입니다.

혹 나도 모르는 사이에 "난 널 원해"라고 말씀하시는 주님은 뒷전으로 밀어 놓고 온통 다른 것을 끌어안고 힘들게 바둥대고 있지는 않는지요? 여전히 끌어안고 있는 것의 목록을 적어 보십시오.

바울은 빌립보서 1장 21절에 "내게 사는 것이 그리스도니"라고 했습니다. 바울의 삶의 전부는 복음 사역이나 선교 사역이 아니었습니다. 그의 삶의 전부는 오직 예수 그리스도였습니다. 그는 그리스도 예수 그분과 사랑에 폭 빠져 그분을 가슴에 품고 그분을 입에 달고 다녔습니다. 바울은 누가 툭 건드리기만 하면 그리스도 예수가 흘러 나왔습니다.

여러분은 이 목록에 무엇을 적으시겠습니까?

여러분은 지금 무엇에 빠져(묶여) 있습니까? 그것이 여러분의 삶의 전부가 되어 거기에 올인하다가 언젠가 그 하던 일 그만 두게 될 때 그 공허함 때문에 방황하다가 패닉 상태에 빠질 수도 있습니다.

> 손녀가 가끔 집에 오면 나하고 뽀뽀라도 하고 안기기라도 하고 뛰놀면 좋으련만 들어오자마자 다른 것들에 온통 관심이 있어 혼자 이리 저리 뛰어다니며 깔깔댄다. 멀리 앉아서 혼자 노는 모습 보면서 커가는 모습이 대견스럽다. 한 번 안아 보고 싶다. 그런데 그런 기회를 안 준다. "이리 좀 와봐." 하고 잡을 때 손을 쏙 빼고 빠져 나가면 얼마나 마음이 쓸쓸한지…. 한 공간에서 같이 있으면서, 그 노는 모습 다 보고 있으면서도 그렇게 마음이 쓸쓸한 것. 우리 주님이 그러시단 말이다.

하나님은 늘 우리와
교제하기 원하신다

어느 권사님이 텔레비전 드라마를 보다가 극 중 한 인물이 세상 떠난 자기 가족을 그리며 허공에 대고 대화를 하는 것을 보고는 속으로 이렇게 혼잣말을 하였다. '어머, 저 사람은 죽은 사람하고 저렇게 얘길하네. 난 살아 계신 하나님과 늘 대화하는데.' 그 권사님은 그런 자신이 얼마나 감사하고 행복한지 모른다고 고백했다.

많은 사람이 성령 하나님이 살아 계신 인격체이심을 실감나게 의식하지 못하는 것 같습니다. 우리 안에 계신 성령님은 육안으로 볼 수 없을 뿐이지, 'Living God in reality.' **그분은 영원부터 영원까지 실제로 살아 계신 분입니다(느 9:5). 그러하신 하나님과 만나 교제하고 섬기며 사는 것이 신앙생활입니다.** 성령 하나님과의 교제는 우리의 마음을 하나님께 드리며 그분과 수시로 대화하고 사랑을 나누는 것을 의미합니다. 우리는 그것을 위해 따로 대가를 지불해야 합니다. 하나님께서 우리 자신보다 더 우리를 사모하며 만나고 싶어 하시는 것을 아십니까?

내가 네 얼굴을 보게 하라 네 소리를 듣게 하라 네 소리는 달콤하고 네 얼굴은 사랑스럽구나_아 2:14

얼마나 간절하고 열렬한 우리를 향한 주님의 사랑 고백입니까! 그분은 내 목소리가 그렇게 가슴이 저려오듯 달콤하게 느껴지신다고 하십니다. 그 인자한 눈으로 우리 얼굴을 들여다보시노라면 주님은 우리가 너무너무 사랑스러워서 어쩔 줄을 모르시겠답니다. 우리가 하나님 앞에 바로 그런 존재랍니다.

3일 동안 컨퍼런스에 참석하느라 LA 시내에 나갔다. 떠날 때 차에 연료가 없음을 알리는 경고등이 켜진 것을 봤지만 그 정도 거리는 충분히 갔다 올 수 있다고 생각하고 귀찮기도 해서 그냥 출발했다. 그런데 이게 웬일인가? 20여 분이면 충분히 올 수 있는 거리였는데 저녁 퇴근 시간이라 한 시간 반이 넘게 걸렸다. 그날 집에 도착하는 순간까지 매 초마다 주님을 얼마나 간절히 찾았는지 모른다. 오늘은 주님이 무척 행복하셨을 것이라 생각하며 차에서 내렸다.

다음날 새벽 기도를 마치고 곧장 가서 연료를 가득 채웠다. 집으로 돌아오는데 둘째 날 역시 한 시간 반 이상 교통 정체를 겪었지만 라디오 뉴스를 들으면서 지나가는 차들을 구경하며 여유롭게 왔다. 그날은 전혀 주님을 찾은 기억이 나질 않았다. 그 긴 시간 동안 주님은 제가 혹시 한 마디 말이라도, 아니 눈길이라도 한 번 주지 않을까 하고 얼마나 기다리셨을까 생각하니 몹시 민망했다. 그날은 "주님, 죄송해요. 정말 죄송해요"라고 고백하며 차에서 내렸다.

그때까지 못 기다리겠다
나와라! 함께 누리자!

이토록 우리를 사모하시는 하나님은 우리가 먼 훗날 천국에서 만날 약속만 바라보며 그저 헐떡거리면서 사명을 감당하며 사는 것을 원치 않으십니다. 하나님은 우리가 매 순간 주님과 만나 사랑에 푹 잠겨 함께 기쁨과 즐거움을 누리며 걸어가기 원하십니다.

로마서 1장부터 3장까지는 가망 없는 부패한 인간의 모습을 그대로 드러내 보여 줍니다. 그런데 하나님께서는 예수 그리스도가 십자가에서 흘리신 피의 공로로 우리의 모든 죄를 용서해 주시고 거기다 의의 옷을 우리에게 입히시고는 "자, 됐다. 이제 죄 때문에 막혔던 담이 무너졌으니 이다음에 천국에서 만나자!"고 하시며 훌쩍 떠나지 않으셨습니다. 로마서 5장 서두를 보십시오. 하나님은 우리를 향해 "나와 더불어 화평을 누리자. 담대히 나의 보좌 앞으로 나와라"고 말씀하십니다. 그때까지 못 참으시겠다는 것입니다. "나와라! 만나자! 함께 누리자!" 우리를 만나는 것을 얼마나 열망하시는지 모릅니다.

지금은 우리가 하나님의 거룩하심같이 거룩하지 못하고 하나님의 완전하심같이 완전하지 못해서 그분을 직접 대면해서 뵐 수 없습니다. 그 때문에 하나님은 우리가 하나님께 나아가 그분과 만날 수 있는 방편을 제시해 주셨습니다. 그것이 예배하는 시간, 기도 시간, 찬양하는 시간, 그리고 말씀을 묵상하는 시간입니다. 그 시간이 바로 주님과 만나는 시간입니다.

특히 하나님의 백성들이 다 함께 모여 예배드리는 자리는 구원받은 자들에게 최고로 영광스런 자리입니다. 온통 나에게 관심을 두시고 나를 그토록 사랑하시는 그분의 존전에 나와 있다는 생각을 하며 하나님을 묵상하고 예배할 때 가슴이 뭉클함을 느껴야 합니다. 주님께 드리는 예배는 율법적으로 또는 종교적으로 드리는 예배가 아니라 나를 너무나도 사랑하시는, 내 생명의 근원이시고 내 인생의 주인이시며 내 모든 삶의 강력한 후원자이신 그분 앞에 내 모습 그대로 감사함으로 나아와 드리는 예배가 되어야 합니다.

예배는 의무가 아닙니다. 성도에게 주어진 특권입니다. 단순히 예배를 보고 가는 것이 아니라 하나님을 사모하고 열망하면서 그분의 임재와 영광이 가득하기를 기도하면서 드리는 예배가 되어야 합니다. 그럴 때 감사가 찬양이 되고, 찬양이 경배가 되며, 강력한 하나님의 임재 안에 거하게 됩니다. 거기에 주님의 생명이 있고, 능력이 있고, 역사가 일어나면서 우리는 주님의 만져 주심을 경험하고 치유와 회복과 감사와 기쁨이 충만해지는 축제의 예배가 됩니다.

그러나 이렇게 함께 모여 하나님을 예배하고 섬기는 시간 외에도 하나님은 나와 둘만의 시간을 얼마나 열망하시는지 아십니까? 나는 하나님의 사랑을 얼마나 갈망하고 사모하며 목말라하고 있습니까? 날마다 끊임없이 구해야 합니다. **보고 나면 더 보고 싶고 만나고 나면 또 만나고 싶어 주님의 임재 안에 있으면 행복해서 질식할 것만 같은**

그런 행복감이 고조될 정도로 갈망해야 합니다. 다윗이 그랬던 것처럼 내가 주님께 바라고 구하는 오직 한 가지는 내 평생에 하나님의 집에서 주님을 갈망하고 사모하며 살다 가는 것(시 27:4)이 되어야 합니다. 하나님은 우리가 그렇게 하나님을 사랑하기 원하십니다.

때로는 상황과 여건이 사방으로 욱여쌈을 당하는 것같이 아주 어려운 시간을 보낼 때가 있지 않습니까? 마치 어둡고 답답한 긴 터널을 지나는 것같이 느껴지는 때 말입니다. 그럴 때는 누굴 만나는 것도, 누구와 대화조차도 하기 싫고 내 숨소리가 밖으로 새어나가는 것조차도 싫을 정도로 그냥 주님 무릎에 마냥 얼굴을 파묻고 있고만 싶을 정도로 당연히 우리에게는 말할 수 없이 힘든 시간이겠지만 그러나 그때가 주님과 가장 가까이 교제하기에 좋은 기회이기도 합니다. 오직 주님과 단둘이 있는 시간이기 때문입니다. 누가 우리의 마음을 도적질해 가지도 못하고 우리의 눈길을 빼앗아 가지도 못하며 우리 귀를 끌어가지도 못합니다. **어느 때보다 주님만 생각하고 의지하면서 주님과만 가까이, 아주 가까이 그분의 체온을 느끼면서 함께 달리는 시간입니다.** 그때만큼 사랑하는 주님과 친밀하게 교제할 수 있는 기회는 없을 것입니다. 그러다 보면 어느새 터널을 다 지나 앞이 확 트인, 높고 맑은 하늘을 보게 될 것입니다. 주님과 친밀한 시간을 가지면 가질수록 주님과 함께하는 둘만의 시간을 더욱 사모하게 되고, 비로소 자연스럽게 늘 주님을 갈망하며 주님과의 교제의 자리를 찾게 될 것입니다.

주님과의 개인적인 만남은 실제적이고 현실적입니다. 오감을 통해 보고 느끼고 경험할 수 있습니다. 우리가 누군가와 대화할 때 그 사람의 기분이나 감정까지 느끼면서 그 말을 듣듯 말씀을 읽을 때도, 주님의 음성을 기다릴 때도, 특히 우리가 큐티할 때 "말씀해 주세요. 듣겠습니다"라는 자세로 마음을 열고 경청할 때 그분의 격한 감정까지 느끼게 되지 않습니까? 우리가 주님을 만나고 그분과 깊이 교제하다 보면 때로는 그분의 음성을 듣게 되기도 합니다.

그렇다고 모두가 사무엘처럼 그분의 음성을 듣는 것은 아닙니다. 하나님은 자녀에게 한 가지 방법으로만 말씀하지 않고 여러 가지 방법으로 말씀하십니다. 평안한 가운데 오직 주님께만 집중하면서 잠잠히 앉아 있노라면 어떤 때는 말씀이 생각나게 하십니다. 때로는 우리의 생각 속에 어떤 그림을 보여 주시기도 하고 눈을 떴을 때 혹은 감았을 때 느닷없이 보여 주시는 환상을 통해 말씀하시기도 합니다. 몸의 어떤 느낌을 주시기도 하고 현상이나 생각으로 말씀해 주시기도 합니다. 그리고 그것이 어떤 뜻인지 깨닫게 하시기도 합니다. 모르면 여쭤보십시오. 우리가 그분의 음성에 귀 기울이며 시간을 보낼수록 그분의 음성에 더 친숙해집니다. 그러나 대체로 우리 안에 영으로 들어와 계신 성령님이 우리를 만나 주시는 곳은 우리의 생각입니다.

육신을 따르는 자는 육신의 일을 생각하고, 영을 따르는 자는 영의 일을
생각하나니 육신의 생각은 사망이요 영의 생각은 생명과 평안이니라
_롬 8:5-6

바울은 성령님의 인도를 받는 사람과 육신을 따라 사는 사람이 있
는데 육신을 따르는 사람은 육신의 일을 생각하나 성령님을 따르는
사람은 성령님의 일을 생각한다고 하였습니다. 그러므로 우리는 생
각을 통해서도 하나님의 음성을 들을 수 있습니다. 생각은 마음과도
같습니다. 왜냐하면 생각이 가면 마음이 따라가기 때문입니다. 우리
의 생각이 이렇게 중요하고 놀랍습니다. 마음은 우리의 중심이며 가
장 깊은 곳입니다. 우리는 마음에 많은 것들을 담고 삽니다. 내가 마
음에 담아 품고 있는 것, 그것이 내가 사랑하는 대상입니다.

하나님 아는 것을 대적하여 높아진 것을 다 무너뜨리고 모든 생각을 사
로잡아 그리스도에게 복종하게 하니_고후 10:5

지금 내 마음에 무엇이 담겨 있습니까? 무엇보다도 먼저 할 일은
수시로 자신의 마음을 점검하는 것입니다. 우리가 하나님의 음성을
듣기 원한다면 기본적으로 우리 마음에서 부정적인 감정, 분노, 야심
에 찬 욕망을 먼저 제거해야 합니다. 그러고 나서 "성령님, 감사합니
다"로 시작해 보십시오. 내 안에 내주해 계신 성령님께 감사하는 것

은 일단 성령님이 내 안에 내주해 계심을 인정한다는 고백으로, 이것은 우리가 성령님과 깊은 교제를 나눌 때에 매우 중요합니다.

그리고 "주님, 내 눈과 귀를 열어 주시고 주님의 음성을 들을 수 있게 하소서" 하고 기다립니다. 그때 예수님의 모습을 그리는 것도 좋은 방법입니다. 그리고 우리 마음에 담고 있는 잡다한 것을 다 내려놓고 오로지 성령님께만 모든 생각을 집중하십시오. 그리고 잠잠히 주님의 음성을 기다리십시오. 하나님의 음성을 듣는 데 있어서 가장 어려운 것은 인내를 가지고 그분 앞에서 잠잠히 기다리는 것입니다.

너희는 가만히 있어 내가 하나님 됨을 알지어다_시 46:10

그분이 말씀하실 수 있도록 충분한 시간을 드려야 합니다. 단지 우리 문제에 대한 대답을 듣기 위해서가 아니라 하나님이 우리에게 말씀하고 싶으신 것을 무엇이든 말씀하실 수 있게 하십시오. 그러면서 마음에 잠깐잠깐 스치는 생각을 잡을 수 있어야 합니다. 때로는 생각이 주님께만 집중되지 않고 잡다한 것들에 사로잡히기도 합니다. 그것이 나의 집념이나 사탄의 방해일 수도 있습니다. 머리에서 자기 목소리가 얼마나 강하게 들리는지 모릅니다. '이것도 해야지, 저것도 해야지' 할 일이 너무 많습니다. 그럴 때는 감정이나 생각을 향해 방해하지 말고 잠잠하라고 명령하면서 예수 그리스도의 이름으로 방해하는 세력을 제어하십시오. 우리에게 이미 그런 권세를 주시지 않았습니까?(약 4:7) 그러고 나서 생각을 분석하는 것입니다.

> 하나님의 나라는 먹는 것과 마시는 것이 아니요 오직 성령 안에 있는 의
> 와 평강과 희락이라_롬 14:17

진리의 영이신 성령님은 기본적으로 그분의 음성을 분별할 수 있
도록 항상 성경 말씀에 근거해서 우리에게 말씀하십니다. 그리고 그
분의 음성은 늘 우리의 마음에 평강과 기쁨을 주십니다. 우리는 때로
눈앞에 직면한 문제를 가지고 주님께 달려갑니다. 그러나 그때에도
성령님보다 우리의 생각이 앞서지 않도록 늘 성령님께 묻고 도움을
청하십시오. 그리고 성령님이 인도하시는 대로 순종하며 따르기만
하면 됩니다. 단, 언제나 오직 영이 하나님께 속하였는지를 분별하십
시오(요일 4:3).

이 책의 목표가 바로 여기에 있습니다. 신앙생활은 종교 생활이
아닙니다. 날마다 성령님을 사모하십시오. 그분과 따로 만나고 교제
하는 시간을 정하는 것이 무엇보다도 중요합니다. **하나님의 사랑을
개인적으로 깊이 경험하지 않고는 신앙이 자랄 수 없고 능력 있는 그리
스도인이 될 수 없습니다. 미친 듯이 하나님과의 사랑에 빠져 보십시
오. 그 사랑은 어떤 상황에서도 우리로 하여금 담대함과 열정적인 헌신
으로 주님을 섬기게 합니다.** 분주한 일과 속에서도 주님과 따로 만나
교제하는 시간은 주님과 단둘이 데이트하는 시간입니다.

주님께 조용히 "주님, 제가 일정한 시간과 장소를 정해 놓고 주님 앞에 나아가고 싶습니다. 제 마음에 감동을 주십시오" 하고 기도한 후, 마음에 감동이 되는 대로 시간과 장소를 정하여 실천해 보십시오. 주님과 가까우면 가까울수록, 그리고 하나가 될수록 그분의 마음의 소원을 알게 되고 그 아픔까지 알게 되어서 자연히 구령의 열정에 불타게 됩니다.

나와 주님과의 데이트

나와 주님만의
비밀스러운 만남이
꼭 필요합니다

주님은 우리에게 "은밀한 바위 틈에서 나와서 나와 만나자. 나로 네 얼굴을 보게 하라. 네 소리를 듣게 하라"(아 2:14)고 말씀하십니다. 이처럼 간절하고 열렬하게 우리를 사모하시는 주님과 마주 앉아 잠시라도 시간을 가져보지 않으시겠습니까? 나와 주님 둘만의 비밀스러운 공간과 시간이 필요합니다. 하나님은 그것을 그토록 원하십니다. 오랜 시간이 아니라도 좋습니다. 5분도 좋습니다. 3분도 좋습니다. 오로지 주님과 대면하여 주님께만 집중하십시오. 내가 가진 지식을 통해 그분을 알고 그분을 신뢰하는 것을 넘어 직접 주님을 만나, 나는 그분을 느끼고 그분은 나를 느끼는 그 순간이 우리에게는 안식입니다. 주님만 바라보십시오.

그리고 "주님, 감사합니다. 나도 주님을 사랑합니다" 하고 조용히 감사와 사랑의 고백을 드리며 주님의 음성에 귀 기울여 보십시오. 우리의 감정을 있는 그대로 솔직하게 고백하고 사랑을 속삭이며 그것을 그대로 글로 기록해 보십시오.

　　예수님을 영접한 사람만이 성령님을 모실 수 있고, 예수님을 영접한 사람만이 거듭난 영의 사람이 되어 영이신 하나님과 교제할 수 있다. 예수님 영접은 기본이다. 때를 얻든지 못 얻든지 언제 어디서나 누구를 만나든지 이 놀라운 하나님의 복된 소식을 믿지 않는 자들에게 전해야 한다. 그리고 그들이 예수님을 영접할 수 있도록 도와줘야 한다.

약속된 소망이라니까요!
_생명책

"난 널 원해." 그토록 열망하시는 주님을 더 이상 외롭게 하지 말라.

주님은 당신과 실제적이고 개인적이며 지속적인 사랑을

갈망하고 계신다.

그분과 잠시라도 마주앉아 시간을 가져 보았는가?

어떻게?

우리를 영원한
하나님의 가족으로 받아 주셨다

하나님은 우리가 진심으로 예수님을 영접하는 순간 우리에게 의의 옷을 입히시고 즉시 우리 이름을 하늘나라의 생명책에 기록하셨습니다. 우리를 하나님의 가족 명단에 올리시고 영원한 하나님의 가족으로 받아 주신 것입니다. 얼마나 감격스러운 일입니까! 하나님은 우리를 그토록 귀히 여기시고 사랑하십니다. 우리는 언제라도 천국에 갈 수 있습니다. 그러나 아직 부활의 몸을 입은 것은 아닙니다.

육의 몸으로 심고 신령한 몸으로 다시 사나니 육의 몸이 있은즉 또 신령한 몸이 있느니라_고전 15:44

주께서 호령과 천사장의 소리와 하나님의 나팔 소리로 친히 하늘로부터 강림하시리니 그리스도 안에서 죽은 자들이 먼저 일어나고 그 후에 우리 살아 남은 자들도 그들과 함께 구름 속으로 끌어올려 공중에서 주를 영접하게 하시리니 그리하여 우리가 항상 주와 함께 있으리라

_살전 4:16-17

오직 우리의 소망은 예수님이 다시 오시는 그날에 우리 몸이 부활해서 천국에 들어가 예수님과 함께 영원히 사는 것 아닙니까?(롬 5:2) 그것이 예수님을 믿는 모든 사람의 궁극적인 목표입니다. 결코 막연하지 않습니다. 신기루를 좇는 것이 아닙니다. 약속된 소망입니다.

예수님을 믿지 않는 사람이 일상을 살면서 기대하는 소망은 불확실합니다. 지금은 건강해도 의외로 빨리 죽기도 합니다. 그러나 믿음으로 의롭다 함을 받은 새로운 피조물이 된 그리스도인은 확실한 소망이 있기에 육체의 죽음을 넘어서서 하나님의 영광을 바라고 즐거워합니다. 그 소망을 바라보노라면 도저히 가만히 있을 수 없을 만큼 기뻐서 자랑하지 않고는 견딜 수 없을 정도로 즐거워하게 됩니다.

이제 예수님께서 다시 오실 때 이미 흙으로 돌아갔던 육체는 영광의 몸(고전 15:44)으로 부활합니다. 그날을 사모하는 마음으로 잘 준비하며 그때까지 살아 있는 사람은 공중에서 하나님의 나팔 소리와 함께 생명책에 기록된 자로서 부활의 몸으로 변화되어 끌어올려 갈 것입니다.

세미나를 하러 한국에 갔을 때였다. 하루는 일이 있어 잠깐 나갔다가 지하철을 타려고 지하도를 내려가는데 층계에서 두 다리를 잃은 40세 정도 되는 한 젊은 남자가 차가운 시멘트 바닥에 납작 엎드려 두 손을 벌린 채 구걸을 하고 있었다. 그 모습을 보니 너무 불쌍했다.

나는 그분이 전도지를 읽고 예수님을 영접할 수 있으면 좋겠다고 생각해서 일부러 영접기도 내용이 들어 있는 부분을 접어서 돈과 함께 그분의 손에 쥐어 드렸다. 그러면서 "아저씨, 이거 읽어보시고 꼭 예수 믿으세요. 예수 믿고 천국 가셔야 해요"라고 말하는데 갑자기 고개를 벌떡 들고 일어나 앉더니 큰소리로 "감사합니다!" 하고 소리쳤다. 얼마나 놀랐는지 모른다. 저는 급히 "아저씨, 예수 믿으셔야 돼요"라고 말하면서 손에 쥐어 드렸던 그 전도지를 펴보여 주며 복음을 전했다. 그러고는 "제가 도와드릴 테니 우리 같이 기도해요"라고 말하며 영접 기도를 권했더니 얼마나 큰소리로 기도를 따라 하던지 그 지하도 안이 쩌렁쩌렁 울렸다. 지나가던 모든 사람들이 무슨 일인가 하고 쳐다보면서 지나갔다.

많은 사람의 시선이 집중되자 나도 모르게 갑자기 부끄러운 생각이 들어서 주섬주섬 확신 부분을 설명하고는 급히 일어났다. 그런데 계단을 내려오다 생각하니 너무 마음이 아팠다. 그래서 다시 그를 돌아보았는데 그는 또 엎드려 있었다. "예수 잘 믿어야 돼요!"라고 말하는데 갑자기 내 눈에 눈물이 확 고였다. '지금은 저렇게 불편한 몸을 가지고 인생을 힘들게 살아가고 있지만 이제 예수님만 잘 붙잡고 있으면 언젠가 하나님이 부르실 때 그 좋은 천국에 가서 저 불편한 몸 훌훌 다 벗어버리고 건강한 몸으로 신나게 살겠구나' 하는 생각을 하다 보니 마음이 좀 평안해지는 것 같았다.

혹시 불편한 몸 때문에 좌절하고 계십니까? 염려하지 마십시오. 그날에 우리는 완전하고 새로운 몸을 입습니다. 나이가 많은 사람도 그때에는 다 쭈그러진 노쇠한 몸이 아니고 마치 젊은 청년처럼 아주 생기 있고 아름다운 모습으로 변화됩니다. 그리고 그때에는 신분상으로뿐 아니라 실제로도 완전한 하나님의 자녀의 영광에 이르게 될 것입니다.

소망 중에 즐거워하며 환난 중에 참으며 기도에 항상 힘쓰며_롬 12:12

그래서 초대 교회 성도들이 사자 밥이 되면서도, 목 베임을 당하면서도 감사하고 기뻐 찬송하며 담대히 죽음을 맞은 것입니다. 우리는 이 땅에서 살지만, 우리의 관심은 하늘나라에 있습니다. 마치 사랑하는 연인이 한창 자기들의 아름다운 신혼집이 지어지는 것을 바라보는 것처럼 말입니다. 그곳은 이 세상과 비교할 수 없이 훨씬 더 좋고 영원한 곳이기 때문입니다.

그렇다고 우리의 신앙이 너무 내세화 되어서는 안 됩니다. 죽으면 천국 간다는 것 하나 붙잡고, 예수 믿는 것이 오직 그것 하나밖에 없는 것처럼 신앙생활을 하다 보면 자칫 표면적으로 나타나는 신앙은 거룩한 것 같을지 모르지만 정작 진정한 자유와 기쁨을 제대로 누리지 못하게 됩니다. 영혼의 안식이 없습니다. 하나님 안에서 그분의 임재를 누리는 삶을 살지 못하는 것입니다.

주님은 이후에 천국에 가서만이 아니라 지금도 우리와 함께하시는 주님과 이 땅에서도 그 은혜와 복을 우리가 누리며 살기 원하십니다. 그런 사람만이 항상 기뻐하고 범사에 감사하며(살전 5:16-17) "높은 산이 거친 들이 초막이나 궁궐이나 내 주 예수 모신 곳이 그 어디나 하늘나라"라고 찬송을 부르며 힘 있게 이 길을 가게 되는 것입니다. 사랑하는 주님이 함께 계시기 때문입니다. 그것이 참된 그리스도인의 삶입니다. 그러나 이 땅에서의 삶은 나그네 삶입니다.

> 만일 땅에 있는 우리의 장막 집이 무너지면 하나님께서 지으신 집 곧 손으로 지은 것이 아니요 하늘에 있는 영원한 집이 우리에게 있는 줄 아느니라_고후 5:1

> 그들이 이제는 더 나은 본향을 사모하니 곧 하늘에 있는 것이라_히 11:16

짚고 넘어가야 할 분명한 것은 이 땅의 삶은 잠시 지나가는 나그네 삶이라는 것입니다(창 47:9). 나그네는 항상 떠날 준비를 하면서 살아야 합니다. 지금 있는 곳은 영원한 곳이 아니기 때문입니다. 당신은 언제든 이 땅을 떠날 준비를 하고 사십니까?

우리는 지금
어디에 소망을 두고 있나?

그가 죽으매 가져가는 것이 없고 그의 영광이 그를 따라 내려가지 못함
이로다_시 49:17

지금 어디에 소망을 두고 살아가십니까? 자녀? 사업의 성공? 출세? 무엇이든 주님의 영광을 위해 최선을 다하는 것은 좋습니다. 그러나 그것 자체가 오직 자신의 소망이 돼서는 안 됩니다. 어느 날 하나님이 부르시면 모두 두고 갈, 나와는 아무 상관없을 것들에 모든 소망을 두고 힘을 다해 애쓰고 수고하다가 혹 그것이 무너지거나 뜻대로 되지 않으면 우리는 크게 낙심하고 좌절하게 됩니다. 그러나 우리가 예수님과 함께할 영원한 천국에 소망을 둘 때 고통은 인내를, 인내는 단련된 믿음을, 그 믿음은 우리가 참된 그리스도인으로서 하나님의 영광을 유업으로 받으리라는 소망을 이루게 해 줄 것입니다.

다만 이뿐 아니라 우리가 환난 중에도 즐거워하나니 이는 환난은 인내를, 인내는 연단을, 연단은 소망을 이루는 줄 앎이로다_롬 5:3-4

우리가 사는 현실은 마치 사람들이 먹고 마시고 장가들고 시집가고 있으면서도 홍수가 나서 그들을 다 멸하기까지 깨닫지 못하였던

노아의 때와 같다고 주님은 말씀하셨습니다(마 24:38-39). 반드시 우리는 다시 오실 주님을 사모하면서 주님 맞을 준비를 하는 삶을 살아야 합니다. 준비는 당일에 하는 것이 아닙니다. 준비는 미리미리 하는 것입니다.

> 내일 일을 너희가 알지 못하는도다 너희 생명이 무엇이냐 너희는 잠깐 보이다가 없어지는 안개니라_약 4:14

언제라도 부르시면 나설 수 있도록
거치는 것이 없어야 한다

그러면 무엇을 준비해야 할까요? 다시 오시는 주님은 죄인을 구원하러 오시는 것이 아닙니다. 신부를 데리러 오는 신랑으로 오십니다. 그날이 이 땅에는 심판의 날이지만 우리에게는 신랑을 맞이하는 날입니다. 따라서 언제라도 부르시면 나설 수 있도록 거치는 것이 없어야 합니다. 믿노라 하며 타협하고 어정쩡하게 신앙생활하는 것을 회개하고 하나님보다 더 사랑하는 것들을 제거하기 원하십니다.

어느 전도사님이 꿈을 꾸었다. 갑자기 '뿅~! 뿅~!' 소리가 나서 보니 사람들이 쏜살같이 공중으로 올라가고 있었다. '이것이 웬일인가' 하고 놀라서 옆을 보니 옆에서 자고 있던 남편 목사님이 온데간데 없었다. 그 순간, 예수님이 지금 오셔서 사람들이 들림 받고 있구나 하는 생각이 들자 "주님, 저는요? 저도 데려가 주세요"라고 말했다. 곁에서 자고 있는 아들을 가리키면서 "○○이도요"라고 말했다. 그때 주님께서 "그래, 너와 네 아들도 데려갈 것이다"라고 말씀하시자 "주님, 우리 집에 딸과 아들이 또 있어요. 그 아이들은요?"라고 말씀드렸다. 그러자 주님은 "그 아이들도 데려갈 것이다"라고 말씀하셨다.

전도사님은 "알았어요, 주님"이라고 답하고는 곁에 자고 있는 아들을 향해 "너 어디 가지 말고 여기 꼭 있어. 내가 형이랑 누나를 데리고 곧 올 테니까" 하고 정신없이 문 밖으로 나갔는데 거리에는 사람들로 인산인해를 이루어 도무지 발을 떼서 뚫고 나갈 수가 없었다. "주님, 어떻게 해요? 주님, 어떻게 해요?" 하며 정신을 가다듬어 자세히 보니 사람들마다 무언가 잔뜩 등에 짊어지고, 어떤 사람은 큰 보따리를 머리에 이고 있었다. 그렇지 않아도 사람들이 너무 많아서 발을 뗄 수가 없었는데 저마다 끼고 있는 짐들이 너무 크고 무거워서 사람들이 걷지도 못하고 짐에 치여 넘어지고 쓰러지는 난리 속에서 잠을 깨고 보니 꿈이었다고 한다.

좁은 문으로 들어가라_마 7:13

좁은 문은 겨우 몸만 빠져 나갈 수 있는 정도를 가리킵니다. 바울은 모든 욕심을 내려놓고(약 1:15) 이 땅에서는 먹고 입을 것이 있으면 족한 줄로 알라고 말합니다(딤전 6:8). 천국, 그곳은 모든 것이 완벽하게 준비된 곳이기 때문입니다.

지금 어디에 소망을 두고 살고 있습니까? 아직도 어리석게 버리지 못하고 끼고 있는 것이 너무 많지는 않습니까? 언제라도 부르시면 나설 수 있도록 거치는 것이 없어야 합니다. 이 시간, 지금이라도 하나님께서 오라 하시면 거치는 것이 무엇인가 살펴보고 그것을 적어 보십시오. 그리고 하나하나 내려놓으십시오.

언제라도 부르시면 들고 나갈
사랑의 열매가 있어야 한다

또 준비해야 할 것이 있습니다. 우리는 하나님이 부르시면 언제라도 들고 나갈 사랑의 열매를 준비해야 합니다.

한동안 어떤 사람이 나를 몹시 섭섭하게 했다. 하루는 그 문제를 마음에 담고 있으면서 용서하지 못한 것에 대해 밤새도록 회개하고 그를 용서하며 축복했다. 그리고 새벽기도까지 마치고 가벼운 마음으로 집으로 향했다.
우리 집 차고 쪽으로 핸들을 돌리며 들어오는데 갑자기 왼쪽 머리 위로 가느다란 철사같은 것이 휙 스쳤다. '꼭 실뱀 같아'라고 생각하는 순간, 밤새도록 회개하고 정리한 마음에 이상하리만큼 다시 어두운 그림자가 스며드는 것을 느꼈다.

그래서 "예수 이름으로 명하노니 이 어두운 세력은 내게서 떠나가라!"고 명령하고 방으로 들어왔다. 책상 앞에 앉아 "난 왜 맨날 이렇지? 주님, 정말 형편없죠? 용서해 주세요" 하고 혼자 중얼거리며 컴퓨터를 켜는데 바로 그때였다.

그것은 그냥 환상이 아니었다. 'Open Vision.' 눈을 뜬 채로 옆을 보니 아주 자상한 얼굴의 예수님이 촉촉한 사랑의 눈빛으로 나를 쳐다보시면서 "기특하다"고 말씀하셨다. 순간 내가 죄짓지 않으려고 바둥대는 모습을 주님이 기특하게 보시는 것처럼 느껴졌다. 그런데 주님이 갑자기 조용히 등을 돌리며 먼 곳을 바라보시는 것 같았다. 그래서 내가 주님께 여쭤봤다.

"주님, 뭘 생각하시는데요?"

"추수를 서둘러야겠다. 천사들이 바삐 준비하고 있구나. 내가 너희에게 다시 올 것이라고 했던 그 약속을 지킬 때가 됐단다."

"주님, 그럼 저는 무엇을 준비해야 하나요?"

"사랑하라. 사랑하라. 사랑의 나라에 들어오려는 사람은 사랑, 그것만 하다 오면 된다. 그것이 사랑의 나라, 아버지의 나라에 들어오는 사람들이 해야 할 준비란다."

"주님, 그럼 제게 사랑할 수 있는 힘을 좀 넣어 주세요."

그러자 바로 그리 크지 않은 폭포에서 물이 세차게 쏟아지기에 입을 벌려 들이마시면서 말했다.

"더요. 더요. 더 많이요. 입까지 가득 채워 주세요."

그때 댐이 열리고 물이 강같이 쏟아져 내려오는데 거기에 몸을 풍덩 담그고 "내가 사랑하지 못하게 하는 모든 요소들은 다 씻겨 나갈지어다!" 하고 소리치며 막 헤엄을 치다보니 그제야 정신이 들면서 잊어버릴까 봐 허둥지둥 컴퓨터에 입력했다.

"추수를 서둘러야겠다. 천사들이 바삐 준비하고 있구나. 내가 너희에게 다시 오리라고 했던 그 약속을 지킬 때가 됐단다." 주님 오실 때가 임박했다는 말씀이었다. "사랑, 그것이 사랑의 나라, 아버지의 나라에 들어오는 사람들이 해야 할 준비란다."

하나님은 사랑이시니라_요일 4:16

본래 하나님은 자신의 형상대로 사람을 창조하셨습니다. 사랑이 본질이신 하나님이 자신의 형상대로 사람을 창조하셨다는 것은 사람을 사랑하는 존재로 만드셨다는 의미입니다. 그런데 죄가 들어오고 난 후 하나님을 사랑하는 것이 아니라 하나님을 떠나게 되고, 이웃을 사랑하는 것이 아니라 오히려 이웃을 힘들게 하고 있습니다. 그리고 자기자신을 사랑하는 사람들이 되어버렸습니다.

하나님은 자기를 사랑하는 것이 죄라고 말씀하셨습니다. 그런데 그것을 제어하지 못해 죄가 난무하는, 차마 눈 뜨고 볼 수 없는 세상이 되고 그 결과 사람들은 저마다 수많은 시련과 고통과 유혹과 올무에 빠져들어 점점 악으로 치닫고 있습니다. 그러나 주님은 그러한 이 땅의 인생을 그대로 방치해 두실 수가 없었습니다. 사랑하기 때문에. 그래서 이 땅에 오셔서 몸소 행하시며 사랑을 보여 주시고 그 사랑을 우리도 행할 것을 부탁하고 가셨습니다. 그것이 새 계명입니다!

새 계명을 너희에게 주노니 서로 사랑하라 내가 너희를 사랑한 것같이 너희도 서로 사랑하라_요 13:34

도저히 사랑할 수 없는 우리 인간을 사랑하시는 주님은 우리를 위해 대속의 죽음을 죽어 주시려고 오셨고, 늘 중보하시고 두루 다니며 사랑하는 일을 하다가 가셨습니다. 그리고 다시 오실 때까지 우리도 주님께서 우리를 사랑하신 것같이 서로 사랑하라고 새 계명을 주고 가셨습니다. 이것이 신부 된 우리가 따라가야 할 신랑 되신 주님이 가신 길입니다. 이것이 우리가 해야 할 신부의 단장이고 신랑을 기다리는 신부가 해야 할 준비입니다.

만물의 마지막이 가까이 왔으니 그러므로 너희는 정신을 차리고 근신하여 기도하라 무엇보다도 뜨겁게 서로 사랑할지니_벧전 4:7-8

주님이 다시 오실 때가 가까웠는데 과연 열심히 사랑하고 있느냐는 말씀입니다. 상대방이 나를 어떻게 생각하고 어떻게 대하든 나는 그 모습 그대로를 사랑하는 사람으로 하나님이 만드셨습니다. 지체하지 아니하시고 오실 것을 말씀하신 주님은 곧 오실 것입니다. **하나님은 우리를 일꾼이 아닌 사랑하는 자로 만나고 싶어 하십니다.** 하나님은 목숨을 내놓고 우리를 사랑하시기 때문에 우리도 전심으로 하나님을 사랑하기 원하십니다. 설레는 마음으로 주님만 바라보고 상황과 여건이 어떠하든 전심으로 주님께 마음과 목숨과 뜻과 힘을 다 쏟아 사랑하며 그 사랑으로 이웃을 사랑하면서 주님을 기다리는 우리가 되길 원하십니다.

🎵 사랑은 언제나 (고전 13장, 정두영 사, 곡) ♪ ♬

사랑은 언제나 오래 참고 사랑은 언제나 온유하며
사랑은 시기하지 않으며 자랑도 교만도 아니하며
사랑은 무례히 행치 않고 자기의 유익을 구치 않고
사랑은 성내지 아니하며 진리와 함께 기뻐하네
사랑은 모든 것 감싸 주고 바라고 믿고 참아내며
사랑은 영원토록 변함없네
믿음과 소망과 사랑은 이 세상 끝까지 영원하며
믿음과 소망과 사랑 중에 그중에 제일은 사랑이라
그중에 제일은 사랑이라

혹시 눈엣가시같은 사람이 있습니까? 도저히 용서할 수 없는 사람이 있습니까? 이 시간 그 한 사람, 한 사람을 눈앞에 그려가며 이렇게 선포하십시오.

"난 네 모습 그대로 널 사랑하기 위해 만들어진 사람이야."

나와 주님과의 데이트

나와 주님만의
비밀스러운 만남이
꼭 필요합니다

이 장에서 감동과 은혜를 받은 내용이나 성경 말씀이 있다면 그중 하나를
택해 다시 한 번 깊이 묵상해 보십시오. 그리고 나를 사랑하시는 하나님의
사랑을 깨닫고 느끼는 대로 "주님, 감사합니다"로 시작하는 주님과 나눈
대화 내용을 기록해 보십시오.

누구든지 생명책에 기록되지 못한 자는 불못에 던져지더라_계 20:15

진심으로 예수님을 영접한 거듭난 사람만 하늘나라 생명책에 기록
되고, 그날에 불못이 아닌 천국에 갈 수 있다. 진심으로 예수님을 영
접한 거듭난 사람만이 하나님의 사랑을 제대로 깨달을 수 있고, 그때
야 비로소 사랑하는 사람이 되어 사랑을 행하다가 주님을 만날 수 있
다. 그러므로 예수님을 영접했다는 것은 굉장히 중요하다.

생명책에 과연 내가 사랑하는 사람들의 이름이 기록되어 있을까?
이러한 엄연한 사실을 전혀 모르고 있다가 그날을 맞을 사람이 주위
에 누가 있는가? 지금 생각나는 그 사람들의 이름을 기록해 보라. 그
리고 그들을 품고 기도하면서 이 복된 소식을 꼭 전해 주라.

우리는 이 땅에 속한 사람이 아니랍니다!
_천국 시민

하나님은 우리의 이름을 하늘나라의 생명책에 기록해 주셨다. 우리가 무엇이기에 하나님께서 우리를 그토록 사랑하시는가! 그 하나님과 잠시라도 마주 앉아 시간을 가져보았는가? 어떤 대화를 나누었는가? 어떻게?

우리는

이 땅에 속한 사람이 아니다

우리의 시민권은 하늘에 있는지라 거기로부터 구원하는 자 곧 주 예수
그리스도를 기다리노니_빌 3:20

내일 일을 너희가 알지 못하는도다 너희 생명이 무엇이냐 너희는 잠깐
보이다가 없어지는 안개니라_약 4:14

　　예수님을 영접해서 거듭난 순간 우리는 천국 시민이 되었습니다.
하나님은 우리가 이 세상에 잠깐 왔다 가는 나그네라고 말씀하셨습니
다. 이 땅에 속한 사람이 아니라고 하십니다. 우리는 언제라도 하나

님이 부르시면 천국에 갑니다.

만일 땅에 있는 우리의 장막 집이 무너지면 하나님께서 지으신 집 곧 손으로 지은 것이 아니요 하늘에 있는 영원한 집이 우리에게 있는 줄 아느니라_고후 5:1

가서 너희를 위하여 거처를 예비하면 내가 다시 와서 너희를 내게로 영접하여 나 있는 곳에 너희도 있게 하리라_요 14:3

인도의 대 전도자 썬다 싱이 히말라야 산맥을 타고 전도 여행을 하던 중 방향을 잃어버렸다. 산 비탈길을 내려오던 중 강렬한 태양 때문에 앞을 볼 수 없게 된 그는 비탈길로 떼굴떼굴 굴러 내려가 얼마 동안 정신을 잃고 쓰러져 있었다. 한참 뒤 정신을 차리고 눈을 떠보니 커다란 동굴 입구에 누워 있었다. 그 동굴 입구에는 백발노인이 앉아 있었는데 오랫동안 가꾸질 않아 그의 모습은 소름이 끼칠 정도의 행색이었다. 그러나 그 노인의 눈은 너무나도 빛나고 날카로웠다. 나중에 알고 보니 그분은 천상 세계를 오가며 기도 사역을 하는 놀라운 중보기도 사역자였다. 그분은 오직 동산의 열매나 풀을 먹으며 살고 있었다.

그 노인은 어느 날 한 임종한 소녀가 육체를 벗어놓고 천국에 가는 장면을 보게 되었다. 그 장면은 이랬다. 천국을 향해 가는 그 소녀를 두 천사가 호위하고 그 소녀가 지나가는 양 옆에는 온갖 악기 반주에 맞추어 시와 찬송을 부르며 합창하는 천사들이 행렬을 이루어 소녀를 맞아 주었다. 천국 정문에 이르렀을 때는 대 천사가 그 소녀를 영접하러 나왔다.

그리고 주님께서 친히 나오셔서 그 소녀를 품에 안으시고 천국으로 들어가셨다. 그 천국에는 너무나 장엄하고 황홀하며 투명한 맨션들이 있었는데 한 맨션 앞에 가더니 주님이 문을 열고 열쇠를 넘겨주시면서 그 집이 바로 그 소녀의 집이라고 하시며 오늘 완성되었다고 말씀하셨다. 안으로 들어가니 금으로 된 의자에 빛나는 면류관이 놓여 있었다. 주님께서 "이것이 너의 면류관이다"라고 말씀하시는데 거기에는 네 개의 보석이 박혀 있었다. 그 네 개의 보석은 그녀를 통해 구원받은 사람 수대로 라고 하셨다. 그 천국 맨션은 전적으로 그 사람의 영적 진보에 따라 지어진다고 했다.

주님은 우리와 영원히 살 수 있는 천국의 집을 준비하러 간다고 말씀하셨습니다. 이 땅에 사는 동안 우리 각 사람이 행한 대로 갚아 주시는 주님이십니다(고후 5:1, 시 62:12, 계 22:12).

세상에서 한창 잘 나가던 어느 장로님의 이야기이다. 그 장로님은 교회에 물질이 필요할 때마다 제일 먼저 앞장서서 헌금하고 성가대원들을 유명 호텔 식당으로 데리고 가서 회식도 시키는 등 많이 베풀었다. 그러던 어느 날, 하나님이 그에게 천국을 보여 주셨는데 자기 집이 너무 초라해서 천사들에게 물었다. "왜 내 집은 이렇게 초라합니까?" 그러자 천사가 대답했다. "집을 지을 재료가 있어야 집을 짓지." 그 장로님은 많은 것을 베풀고 헌금도 했지만 그 영광을 이 땅에서 다 받았기 때문에 천국에 쌓을 것이 없었던 것이다.

사람에게 보이려고 그들 앞에서 너희 의를 행하지 않도록 주의하라 그리하지 아니하면 하늘에 계신 너희 아버지께 상을 받지 못하느니라_마 6:1

나의 행하는 모든 것을 주님이 아시면 그것으로 충분합니다. 인생에는 연습이 없습니다. 우리의 하루는 일단 지나고 나면 아무리 후회해도 돌이킬 수 없습니다. 이것이 우리 인생입니다. 더욱 놀라운 사실은 하루의 삶이 영원한 미래를 결정한다는 것입니다. 천국의 영원한 상급과 면류관을 준비할 수 있는 기회이기 때문에 그렇습니다. 우리를 부르시고 구원받게 하신 것도 말할 수 없이 큰 은혜인데 자격이 없는 내게 특별히 사명까지 주시면서 기대하신다는 것은 참으로 엄청난 은혜입니다.

보라 내가 속히 오리니 내가 줄 상이 내게 있어 각 사람에게 그가 행한 대로 갚아 주리라_계 22:12

생각하건대 현재의 고난은 장차 우리에게 나타날 영광과 비교할 수 없도다_롬 8:18

인생의 이런저런 수많은 역경과 고난 때문에 움츠러들거나 위축되거나 좌절하지 마십시오. 잠시 후면 갈 그 나라를 소망하며 억울한 일도 괴로운 일도 조금만 참으면 됩니다. 그리고 먹고 입을 것이 있으면 족한 줄로 알고 이 땅에 사는 동안 감사함으로 온 맘 다해 하나님만 사랑하며 그분이 기뻐하시는 일을 많이 하십시오. 당신이 행한 대로 상을 받아 천국에서 영원히 누리며 살게 됩니다.

보물 있는 곳에
마음이 있다

과연 나는 소속이 분명합니까? '언젠가 먼 훗날 천국에 간다는데' 하면서 막연하게 남의 일처럼 느껴지는 천국은 아닙니까? 우리의 소망은 오직 부활해서 천국에 들어가 주님과 함께 영원히 사는 것입니다. 순서도 없고 기약도 없는 그날, 하나님이 부르시면 아무도 거부하지 못하고 다 가게 됩니다. 그런데도 천국에서의 삶과는 상관없는 것들을 붙잡고 이 땅에만 관심을 쏟고 살지는 않습니까?

이는 만물이 주에게서 나오고 주로 말미암고 주에게로 돌아감이라 그에게 영광이 세세에 있을지어다 아멘_롬 11:36

생각해 보면 우리는 이 세상에 태어날 때 아무것도 가지고 오지 않았습니다. 우리가 입고 있는 이 몸조차도 하나님이 주신 것입니다.

은도 내 것이요 금도 내 것이니라 만군의 여호와의 말이니라_학 2:8

그러나 네가 마음에 이르기를 내 능력과 내 손의 힘으로 내가 이 재물을 얻었다 말할 것이라 네 하나님 여호와를 기억하라 그가 네게 재물 얻을 능력을 주셨음이라_신 8:17-18

지금 우리는 많은 것을 소유하고 있지 않습니까? 그러나 다시 그 분께 갈 때는 다 두고 가야 합니다. 물론 육체까지도 다 벗어놓고 가야 합니다. 그 모든 것은 이 땅에 사는 동안 하나님이 우리 각자에게 투자하신 것입니다. 아직 시간이 있을 때 내게 주신 건강, 시간, 물질, 재능 등을 모두 주님의 이름으로 드리고 이웃에게 나누면 그것은 그대로 은밀한 중에 보시는 하나님께서 다 갚아 주십니다(시 62:12, 계 22:12, 마 6:18). 참으로 놀라운 은혜 아닙니까?

우리가 세상에 아무 것도 가지고 온 것이 없으매 또한 아무 것도 가지고 가지 못하리니 우리가 먹을 것과 입을 것이 있은즉 족한 줄로 알 것이니라_딤전 6:7-8

예수님은 제자들에게 "너희를 위하여 보물을 땅에 쌓아 두지 말라"(마 6:19)고 하시며 재물을 쌓아 두는 장소까지도 중요하게 말씀하셨습니다. 우리의 재물이 있는 곳에 마음도 가 있기 때문입니다.

네 보물이 있는 그곳에는 네 마음도 있느니라_마 6:21

또 비유로 그들에게 말하여 이르시되 한 부자가 그 밭에 소출이 풍성하매 심중에 생각하여 이르되 내가 곡식 쌓아 둘 곳이 없으니 어찌할까 하고 또 이르되 내가 이렇게 하리라 내 곳간을 헐고 더 크게 짓고 내 모든 곡식과 물건을 거기 쌓아 두리라 또 내가 내 영혼에게 이르되 영혼아 여러 해 쓸 물건을 많이 쌓아 두었으니 평안히 쉬고 먹고 마시고 즐거워 하자 하리라 하되 하나님은 이르시되 어리석은 자여 오늘 밤에 네 영혼을 도로 찾으리니 그러면 네 준비한 것이 누구의 것이 되겠느냐 하셨으니 자기를 위하여 재물을 쌓아 두고 하나님께 대하여 부요하지 못한 자가 이와 같으니라_눅 12:16-21

주님이 이렇게 말씀하신 것은 우리 마음이 항상 영원하신 하늘에 계신 우리 하나님 아버지께 가 있게 하기 위해서입니다. 우리가 이미 경험해 보지 않았습니까? 하나님을 위해 적극적으로 물질을 써 보십시오. 그러면 온통 마음이 하나님께 있게 됩니다. 그래서 너희를 위하여 하늘에 쌓아 두라고 말씀하신 것입니다. 그래야 우리의 마음이 우리를 향한 하나님의 사랑과 천국에서 누릴 하나님과의 삶을 사모하게 될 것 아니냐는 말씀입니다.

인생의 희로애락은 물거품과 같은 것입니다. **지금 어떠한 상황에 처해 있든지 천국에 입성하는 순간, 그것들은 나와는 아무 상관없는 것들이 됩니다.** 과연 우리의 마음이 현재 하늘에 계신 우리 아버지께만 가 있습니까?

존 웨슬리의 집에 불이 났다. "선생님, 선생님. 집에 불이 나서 온 집안이 다 타버렸어요." 잠잠히 있던 웨슬리가 이렇게 말했다. "내 집은 불난 일이 없소. 다만 주님의 집이 불탔을 뿐이오. 그래서 조금 부담이 됩니다." 웨슬리에게는 모든 소유가 주님의 것이었다.

우리를 향한
사탄의 표적이 무엇인지 아는가?

내 뼈를 찌르는 칼 같이 내 대적이 나를 비방하여 늘 내게 말하기를 네 하나님이 어디 있느냐 하도다_시 42:10

우리를 향한 사탄의 표적이 무엇인지 아십니까? 생명의 동력과도 같은 사랑을 베푸시는 하나님을 향한 사랑과 감사를 빼앗는 것이 그들의 목적입니다. 때로는 하나님이 우리를 돌보시지 않는 것처럼, 우리를 사랑하시지 않는 것처럼, 꼬이고 답답하고 아프고 힘들고 어려운 일들이 계속 밀어닥치는 그런 때가 있지 않습니까? 원수는 그런 틈을 타서 "하나님이 정말 너를 사랑한다면 어떻게 이럴 수 있어?" 하며 우리를 괴롭힙니다.

주의 구원의 즐거움을 내게 회복시켜 주시고 자원하는 심령을 주사 나를 붙드소서_시 51:12

다윗은 수차례 혹독한 시련을 당하면서도 한 가지만큼은 끝까지 붙들고 놓지 않았습니다. 그것은 "구원의 기쁨을 내게 회복시켜 주옵소서"입니다. 바울 역시 고린도 교인들에게 구원의 감격을 새롭게 해 주기 위해 이미 그들에게 전한 복음, 하나님의 사랑의 메시지를 그렇게도 들려주고 싶어 했습니다(고전 15:1). 그가 에베소교회 교인을 위해 간절히 기도한 것 또한 하나님의 사랑을 그들이 알게 해 달라는 간구였습니다(엡 1:17-19). 하나님의 사랑의 메시지, '복음'은 항상 내게 기쁨과 생기와 삶의 의욕을 더해 줍니다. 그리고 끊임없이 하나님을 열망하게 합니다.

아무리 나를 넘어뜨릴 정도의 수많은 공격과 어려움이 몰아쳐 와도, 걷잡을 수 없는 의심과 두려움과 근심이 나를 탈진시키고 흔들어 대며 넘어뜨리고 밟는다 해도, 내가 그 모든 고통을 능히 이겨낼 수 있는 것은 하나님께서 나를 얼마나 사랑하시는지, 나를 얼마나 귀히 여기시는지, 하나님 앞에서 내가 어떤 존재인지를 알기 때문입니다.

인생은 전도 받고
전도하다 가는 것

이 땅에 태어나면서부터 시작되는 한 사람의 인생 여정의 마지막 종착역은 천국 문 아니면 지옥 문 앞입니다. 어느 누구도 피할 수 없습니다. 잘난 사람이든 못난 사람이든, 많이 가진 사람이든 적게 가진 사람이든, 건강한 사람이든 약한 사람이든, 누구도 그 순간을 피할 수 없습니다. 이것은 우리 앞에 놓인 분명한 현실이고 실재입니다. 그 순간 천국 문이 아니고 지옥 문 앞이라면 그때부터 말할 수 없는 후회와 무시무시한 고통 속에서 영원히 살아야 합니다.

그럼 그때 누가 천국 문으로 들어가고, 누가 지옥 문으로 들어갑니까? 대 자선사업가? 나라의 고위 관리? 그런 것과는 전혀 관계가 없습니다. 예수 그리스도를 영접하고 거듭나서 그 안에 예수님의 영, 즉 성령님을 모시고 있는지 없는지에 따라 결정됩니다.

복음을 받는 순간, 우리는 믿지 않는 자들에게 빚진 자가 됩니다. 그런 의미에서 우리 인생은 전도 받고 전도하다가 가는 것이라고 생각합니다. 우리는 그날이 오기 전에 그들의 귀에 들려주어야 합니다.

'복음', 우리가 누리고 있는 이 놀라운 하나님의 사랑의 메시지, 이 복된 소식을 들려주어야 합니다. 그들이 듣고 믿어 구원받아 거듭난 사람으로 이 하나님의 사랑을 누리면서 천국에 갈 수 있게 해야 합니다.

너희 안에서 착한 일을 시작하신 이가 그리스도 예수의 날까지 이루실 줄을 우리는 확신하노라_빌 1:6

우리 안에 착한 일을 시작하신 하나님은 그리스도의 날까지 그것을 확실하게 이루시고 우리를 통해 영원히 영광 받으실 것입니다. 그 때까지 우리는 하나님의 은혜와 복을 누리면서 이 세상을 살아가는 동안 우리 각자에게 주신 개성과 은사와 능력을 가지고 우리 자신이 아니라 나를 구원하신 하나님 그분의 이름, 그분의 영광, 그분의 성품을 마음껏 드러내야 합니다. 우리는 하나님의 홍보 대사입니다. 그것이 바로 우리 그리스도인들에게 주어진 위대한 사명이랍니다. 우리 인생이 이렇게 값지고 가치 있는 인생이 되었습니다.

하나님은 각 사람에게 하나님의 데스티니(destiny, 부르심, 목적)를 가지고 태어나게 하셨습니다. 하나님이 목적을 가지고 각 사람을 특별한 존재로 만드셨다는 것입니다. 우리 한 사람 한 사람은 세상에 하나밖에 없는 너무나도 귀한 존재입니다. 그러므로 예수님 외에는 그 누구도 닮으려 해서는 안 됩니다. 하나님은 우리의 이 모습 이 대로를 통해 영광 받기 원하십니다.

우리는 모두 사는 지역이 다릅니다. 활동하는 분야가 다르고, 주로 만나는 사람들도 모두 다릅니다. 이렇게 하나님은 각 사람에게 독특하고 고유한 만남을 허락하시고, 거기서 그리스도의 대사로서 멋있게 전도의 사명을 감당해 내기 원하십니다(고후 5:18-20).

이를 위해 종교, 가정, 교육, 정부, 미디어, 예술, 연예계, 비즈니스 등 이 땅의 모든 분야에 요셉처럼 하나님을 뜨겁게 사랑하는 강력한 믿음의 사람들이 세워져야 합니다. 거기서 우리는 하나님의 사랑을 드러내는 증인으로 살아야 합니다. 모든 이름 위에 뛰어난 하나님의 놀라우신 능력과 긍휼과 사랑과 축복을 드러내며 이 사랑의 복음을 전해야 합니다. 우리 안에 계신 성령님의 능력과 권세로 정복해 가야 합니다. 그 모든 영역에서 하나님이 주신 개성과 은사와 능력을 마음껏 드러내어 열매 맺는 인생으로 힘 있게 번영하여 하나님 나라를 회복하는 일을 감당해 나가야 합니다.

하나님은 그들과 함께 우리 모두가 기뻐하며 하나님의 은혜의 영광을 찬송하기 원하십니다. 이것이 하나님이 인간을 만드신 목적이고, 구원받은 우리를 이 땅에 머물게 하시는 목적입니다.

하나님의 광대한 뜻을 이루어 드리기 위해 분명한 명분이 있는 삶을 살고 있습니까? 그것을 위해 필요한 것이 무엇인지 생각나는 대로 세 가지를 적어 놓고 하나님께 기도해 보지 않으시겠습니까?

♬ 이 세상은 내 집 아니네 (무명) ♪♬

죄 많은 이 세상은 내 집 아니네 내 모든 보화는 저 하늘에 있네
저 천국 문을 열고 나를 부르네 나는 이 세상에 정들 수 없도다
오 주님 같은 친구 없도다 저 천국 없으면 난 어떻게 하나
저 천국 문을 열고 나를 부르네 나는 이 세상에 정들 수 없도다

♬ 내 구주 예수를 더욱 사랑 (찬송가 314장) ♪♬

내 구주 예수를 더욱 사랑 엎드려 비는 말 들으소서
내 진정 소원이 내 구주 예수를 더욱 사랑 더욱 사랑

이전엔 세상 낙 기뻤어도 지금 내 기쁨은 오직 예수
다만 내 비는 말 내 구주 예수를 더욱 사랑 더욱 사랑

이 세상 떠날 때 찬양하고 숨질 때 하는 말 이것일세
다만 내 비는 말 내 구주 예수를 더욱 사랑 더욱 사랑

나와 주님과의 데이트

나와 주님만의

비밀스러운 만남이

꼭 필요합니다

이 장에서 감동과 은혜를 받은 내용과 성경 말씀이 있다면 그중 하나를 택해 다시 한 번 깊이 묵상해 보십시오. 그리고 나를 사랑하시는 하나님의 사랑을 깨닫고 느끼는 대로 "주님, 감사합니다"로 시작하는 주님과 나눈 대화를 기록해 보십시오.

복음의 궁극적인 목적이
바로 나였구나!

당신을 온통 독차지하고 싶어 하시는 주님과

잠시라도 마주앉아 시간을 가져 보았는가?

얼마나?

어떤 대화를 나누었는가?

어떠했는가?

창세전부터 계획하시고
가슴에 품으신 놀라운 비밀

곧 창세전에 그리스도 안에서 우리를 택하사_엡 1:4

하나님은 우리에게 자신의 모든 것을 다 주시기까지 사랑하셨습니다. 우리를 위해서라면 아까운 것이 없으신 분이십니다. 그분 가슴엔 우리가 전부입니다. 하나님은 우리를 향해 포기할 수 없는 놀라운 꿈을 가지고 계십니다. 이렇게 구원받고 하나님의 은혜와 축복 가운데 하나님의 사랑을 받으면서 천국을 소망하며 살고 있음을 생각할수록 우리 입에서는 "아, 하나님의 은혜로 이 쓸데없는 자 왜 구속하여 주는지 난 알 수 없도다" 하는 찬송이 절로 나옵니다. 그러면서 대부분의 사람들은 2천여 년 전에 나를 구원하시기 위해 예수 그리스도께서 십자가에서 죽으셨음을 생각하면서 주님께 감사합니다. 그러나 하나님은 우리의 구원을 위해 2천여 년 전이 아닌 창세전에 이 일을 계획하셨다는 것을 아십니까?

사랑하는 사람들은 어떻게 하든지 떨어지지 않고 함께 있고 싶어합니다. 그래서 결혼을 합니다. 집도 마련하고, 예쁘게 인테리어도 하고, 정원도 만들고, 강아지도 데려다가 키우고, 연못을 만들어 금붕어를 키우기도 합니다. 마찬가지로 하나님은 이미 창세전에 우리를 택하셨습니다. 그리고 그때부터 우리를 가슴에 품으시고 영원히 함께 기쁨을 누리며 살고 싶으셔서 에덴동산에 하나님 나라를 세우셨습니다.

태초에 하나님이 천지를 창조하시니라_창 1:1

하나님은 우리 인간을 위해 우주 만물을 만드시되 서로 조화와 질서를 이루도록 준비해 놓으셨습니다. 그러고 나서 하나님의 형상을 따라 하나님의 모양대로 사람을 만드시고 그 코에 생기를 불어넣으셔서 사람이 생령이 되었습니다. 하나님과 교제할 수 있는 인간이 된 것입니다.

하나님은 그 모든 것을 다 마치시고 매우 흡족해 하셨습니다(창 1:1-27). 드디어 그렇게 사모하고 꿈꾸시던 하나님 나라의 원형을 드러내셨습니다. 거기 기쁨의 동산에서 우리와 함께 교제하시며 만드신 그 모든 것을 우리와 함께 다스리시고 우리를 통해 영원토록 찬송과 영광을 받으며 함께 기쁨을 누리고 싶으셨던 것입니다.

하나님은 그 뜻을
결코 포기할 수 없으셨다

그런데 어떻게 됐습니까? 인간의 배신 때문에 그 모든 것이 허사가 되어 버렸습니다. 우리 조상 아담이 하나님을 거역함으로 다 망가뜨리고 말았습니다. 그러나 하나님은 그 뜻을 결코 포기할 수 없으셨습니다. 다시 새롭게 회복해서 그 뜻을 반드시 이루시겠다고 약속하셨습니다(히 1:1).

여기에서 제일 중요한 것은 하나님의 열망의 대상이자 하나님 나라의 주인공이 될 우리를 사탄의 영역에서부터 끌어내는 것이었습니다. 우리를 묶고 있는 죄와 사망의 법에서 끌어내는 것이 급선무였습니다. 구약성경 전체를 보면, 하나님은 그 일을 이루시려고 선지자들을 통해 혹은 이스라엘 역사를 통해 여러 부분과 여러 모양으로 그것을 예표하시고 예언하셨습니다. 그렇게 시대를 따라 여러 단계에 걸쳐 점진적으로 계시하시면서 수천 년을 신실하게 그리고 열정적으로 진행해 오셨습니다.

드디어 때가 되어 하나님의 시간에 맞춰서 2천여 년 전에 성자 하나님이신 예수님이 이 땅에 오셨습니다. 그렇게 기다리고 기다리던 하나님의 아들, 예수 그리스도가 마침내 이 땅에 오신 것은 모든 인류에게 최고의 전환적인 사건이었습니다. 그가 오심으로 그를 믿는 모든 사람이 새 시대를 살게 되었습니다.

> 하나님의 사랑이 우리에게 이렇게 나타난바 되었으니 하나님이 자기의 독생자를 세상에 보내심은 그로 말미암아 우리를 살리려 하심이라
> _요일 4:9

예수님은 완전하신 하나님이십니다. 그분이 완전한 인간으로 오셔서 우리 대신 죄의 형벌을 받으시고 십자가에서 죽으심으로 우리의 죄값을 완전히 치르시고 하나님의 뜻을 성취하셨습니다. 사망 권세를 가지고 있는 마귀의 권세를 단번에 깨뜨리셨습니다. 예수님이 십자가 위에서 "다 이루었다"(Τετλεσται, 테텔레스타이)라고 하신 말씀에는 '완수하다', '끝마치다', '성취하다'의 뜻이 있습니다. **그러므로 십자가의 사랑으로 율법을 완성하신(롬 13:10) 예수님의 죽으심은 하나님의 뜻의 성취요, 하나님 나라 회복의 시작입니다.** 하나님 나라 회복을 위한 실제적인 첫 시작점이 되는 역사적인 순간이었습니다.

그리고 주님은 3일 만에 살아나셨습니다. "와우! 됐다. 드디어 됐다. 이제 오기만 하면 돼. 돌아오기만 하면 돼. 와라! 와서 옛날처럼 우리 같이 살자!" 주체할 수 없이 벅차오르는 기쁨의 탄성, 얼마나 감

격스럽고 벅찬 가슴에서 터져나오는 외침입니까? 바로 이것이 복음입니다. **예수님의 부활은 하나님 나라를 회복해 가시는 새 창조의 역사를 여는 참으로 결정적이며 획기적인 순간이었습니다.** 우리가 매년 맞이하는 부활절이 이렇게 큰 의미를 가지고 있습니다.

너희는 온 천하에 다니며 만민에게 복음을 전파하라_막 16:15

여기서 '전파하라'는 옛날에 전령자가 말을 타고 다니면서 왕의 어명을 선포하라고 할 때 쓰던 말입니다. 그처럼 "이제 됐어. 누구나 회개하고 돌아오면 구원받을 수 있어. 어서 와!" 하면서 하나님이 이루어 놓으신 경이로운 그 일을 전파하라는 것입니다. 사도행전 16장 10절의 '전하라' 역시 하나님 나라의 이 기쁜 소식을 퍼뜨리라는 말씀입니다.

그 성에 큰 기쁨이 있더라_행 8:8

흥분된 열기로 이 소식을 전하는 자의 기쁨, 듣고 죄의 사슬에서 풀려나는 해방된 자의 기쁨, 이 장면을 바라보시는 하늘나라의 기쁨, 그 현장들을 한 번 상상해 보십시오. 그때마다 열띤 기쁨으로 충만한 큰 기쁨의 자리가 되고 있습니다(사 51:11, 눅 15:10, 요 15:11). 바울 역시 자신이 전하는 이 복음이 하나님의 놀라운 엄청난 역사의 현장 속에서 자신을 통해 전파되고 있음을 알았습니다. 그래서 그는 몹시 벅찬 감격과 흥분된 가슴으로 높고 낮은 사람 앞에 서서 그렇게 거침없이 외쳤던 것입니다.

우리는 이런 복음을 전하면서 왜 그렇게 주저하고 두려워하며 부끄러워 합니까? 이런 복음을 말하면서 가슴이 뜨겁지 않다는 것은 분명 이상한 일입니다. 이 복음은 이 땅의 인생을 사랑하시는 하나님의 뜨거운 가슴에서 나온 것이기 때문에 전하는 자나 듣는 자가 다 가슴이 뜨거워지게 되어 있습니다. 우리는 이런 복음을 마치 다른 사람이 알고 몰려와서 퍼가면 곧 바닥이 날 것같이 생각하여 혼자만 누리고 있는 것은 아닙니까? **하나님의 사랑은 온 열방이 다 와서 퍼다 누려도 바닥이 나지 않을 정도로 영원하고도 풍성합니다. 따라서 막 퍼가라고 방송하고, 선전하고, 소문내야 합니다.**

드디어 하나님 나라의 복된 소식은 온 세상에 퍼져 나가기 시작했고 우리에게까지 전해졌습니다. 그리고 하나님은 돌아온 우리를 벅찬 가슴으로 으스러지게 안아 주시고 우리에게 새 옷을 입혀 주셨습니다. 누가복음 15장은 그러한 하나님의 심정을 매우 잘 표현하고 있습니다. 그런 하나님의 엄청난 기쁨이 바로 나입니다. 내가 하나님 앞에 그렇게 큰 기쁨이고 감동입니다. 이 탄성과 함께 외치는 복음을 듣고 사방에서 달려오는 한 사람 한 사람이 지금도 하나님께는 무엇으로도 표현할 수 없는 큰 기쁨이 되고 있습니다.

나는 언제 복음을 듣고 하나님께 돌아왔습니까? 그 순간 내게 얼마나 엄청난 일이 일어났는지 아십니까?

또 미리 정하신 그들을 또한 부르시고 부르신 그들을 또한 의롭다 하시고 의롭다 하신 그들을 또한 영화롭게 하셨느니라_롬 8:30

하나님은 즉시 우리 속사람을 거듭나게 하시고 우리에게 자신의 의의 옷을 입혀 주셨습니다. 그리고 그 순간부터 헤아릴 수 없는 하나님의 은혜와 복을 우리가 영원히 누리게 하셨습니다. 그렇게 운명이 바뀌었습니다. 도무지 믿을 수 없는 일이지만 하나님이 그것을 허락하셨습니다.

그런즉 누구든지 그리스도 안에 있으면 새로운 피조물이라 이전 것은 지나갔으니 보라 새 것이 되었도다_고후 5:17

이제 어서 땅 끝까지 복음이 전파되어서 이방인 가운데서도 하나님의 택한 백성들이 다 돌아오고 이스라엘이 다 돌아와야 합니다. 주님은 그 모든 사람들 안에서 우리와 같이 새 창조가 이루어지기까지 기다리셨다가 오셔서 우리를 데려가실 것입니다. 있던 집을 고치는 식(remodeling)의 것이 아닙니다. 새 창조(recreation)! **하늘도, 땅도, 만물도, 완전히 새롭게 단장된 그곳으로 말입니다. 우리의 육체까지도**

완전히 새롭게 되어 영광스런 몸(요일 3:2)으로 그 황홀한 세계에 주님의 이끄심을 따라 들어갈 것입니다. 그날을 생각하면 마냥 가슴이 설레지 않습니까? 그날은 바로 다시 오실 주님과 함께 천국에 들어가는 영광의 날입니다. 우리의 구원이 마침내 완성되는 날입니다.

믿는 자들의 감격은
바로 여기에 있다

우리가 이미 받았고, 또 지금 우리가 전하고 있는 복음에는 하나님이 창세전부터 계획하신 이토록 놀랍고 광대한 구원의 비밀이 있다는 것을 아십니까? 무엇보다도 하나님은 결코 포기할 수 없는 우리와 깨어 있든지 자든지 영원히 함께 살고 싶으셔서 독생자 예수 그리스도를 십자가에서 죽게 하셨고(살전 5:10), 이 모든 일을 창세전부터 계획하셨다는 사실이 그토록 우리를 흥분하게 만듭니다. **이제 다시 새롭게 창조하실 새 창조의 역사에서도 하나님이 목적하신 것이 바로 나라는 사실입니다.** 그 모든 일이 바로 나, 우리를 위한 것이라는 것, 그 모든 계획의 중심이 나라는 것, 그 모든 일의 최종 목표가 나, 나, 자나 깨나 나와 함께 살고 싶으셔서 그러셨다는 것입니다. 그것이 오직 하나님 나라를 회복하시는 하나님의 목적이고 소원입니다.

와우! 믿는 사람들의 감격은 바로 여기에 있습니다. 그런데 더, 더, 더 우리 가슴을 벅차고 감격하고 흥분하게 하는 것이 뭔지 아십니까? 그 하나님이 어떤 분이십니까? 우리 하나님은 얼마나 위대하신 가!(How great is our God!) 지극히 영광스럽고 위대하신 그 우리 하나님의 스케일과 권세, 그 존재와 속성의 실체를 생각할 때 그러하신 하나님께서 나를 그토록 사랑하신다는 것이 말할 수 없이 우리를 흥분하게 합니다.

이 모든 것은 이제 우리가 하나님을 알아가는 것만큼 그분의 사랑이 얼마나 엄청난 것인가를 더 깊이 깨닫고 감사하며 그 영광과 복됨을 인하여 이 땅을 살아가는 우리의 삶에 놀라운 생기를 얻게 될 것입니다. 이 놀라운 사실이 우리가 예수님을 영접한 순간 알고 누리는 은혜와 축복임을 생각할 때 예수님을 영접한다는 것이 얼마나 중요한지를 다시 한 번 깊이 생각하게 됩니다.

시간이 그리 많이
남아 있지 않다

그러면 우리 그리스도인들이 그토록 갈망하며 소망 중에 기다리는 그날은 과연 언제쯤일까요?

또한 너희가 이 시기를 알거니와 자다가 깰 때가 벌써 되었으니 이는 이제 우리의 구원이 처음 믿을 때보다 가까웠음이라_롬 13:11

성경은 예수님이 오시는 그날과 그때를 시간적으로 말씀하지는 않지만 무화과나무 가지가 연하여지고 잎사귀를 내면 여름이 가까운 줄을 알 수 있듯이 여러 가지 징조를 통해 알 수 있다고 말씀하셨습니다(마 24:32). 그중에 우선 몇 가지를 보면 첫째, 천국 복음이 모든 민족에게 증언되기 위하여 온 세상에 전파되고 나면 끝이 올 것이라고 말씀하셨습니다(마 24:14).

또 하나는, 이스라엘의 회복 속도입니다. 이스라엘이 회복되어 예수님을 메시아로 인정하며 환영할 때 예수님이 다시 오신다고 성경은 말씀합니다(마 23:39). 하나님이 이스라엘을 흩으셨습니다. 하지만 마지막 시대에 그들을 다시 모으시겠다고 하셨습니다. 지금 이스라엘은 아주 빠른 속도로 회복되고 있습니다. 마치 주님이 가까이 오시는 발자국 소리가 들리는 것 같습니다. 땅끝까지 모든 민족에게 복음이 전해지고, 이스라엘이 돌아와 기쁨으로 다시 오실 주님을 맞을 준비가 되면 역사는 완성됩니다. 이스라엘의 회복은 마치 구속사의 시계라고 할 수 있습니다.

그리고, 끝이 되면, 전쟁, 기근, 지진, 재난이 있을 것이라고 말씀하셨습니다(막 13:7-8). 산모에게 진통이 점점 잦아지면 출산이 임박해 오는 것처럼 요즘에 와서 위와 같은 일들이 말할 수 없이 잦아지고 강도가 높아지고 있는 것을 보고 있습니다. 주님 오심이 심히 임박했다는 것입니다.

우리는 지금 마지막 시대를 살고 있습니다. 우리는 이 땅 구석구

석에 부으시는 심판을 감해 주시도록 간구해야 합니다. 그리고 우선 나부터 신앙을 점검하면서 날마다 정결케 하고 세마포 옷으로 단장하면서 준비해야 합니다. 그러면서 주변에 있는 영혼들의 신앙을 점검하고 주님 맞을 준비를 도와주면서 이스라엘의 회복을 위해 축복하며 기도해야 합니다.

그리고 이방인의 충만한 수가 채워지기까지(롬 11:25) 모든 민족에게 복음을 전해야 합니다(마 24:14). 이 일은 우리가 주님 앞에 서는 날까지 쉬지 않고 해야 할 일입니다. 시간이 그렇게 많이 남아 있지 않습니다. 딴청 부릴 새가 없습니다. 자신을 단장하면서 아직 남아 있는 이 은혜의 때에 긴박감을 가지고 가능한 방법을 다 동원하여 전심전력으로 복음을 전하다가 주님을 맞아야 합니다. 그때 우리 몸이 영광의 몸을 입고, 만물이 새롭게 될 것입니다. 바로 그 직전에 하나님 나라를 회복해 가시는 엄청난 큰 일에 마지막 주자로 우리를 끼워 주신 것입니다.

나를 그토록 사랑하셔서 구원하셨으면 그 좋은 천국에 빨리 데려가지 않으시고 왜 오늘도 내게 호흡을 주셔서 이 땅에 살게 하시는지 아시겠습니까? 이 벅찬 감격을 꼭 가슴에 안으시기 바랍니다. 그저 의무적으로, 율법적으로, 아니면 어떤 이기적인 목적에서가 아니라 이런 감격 속에서 전도해야 합니다. 이런 감격을 마땅히 함께 누려야 할 사람들이 아직 우리 주위에 많이 있기에 그들에게 이 기쁜 소식을 전해서 예수님을 영접하도록 도와야 합니다.

주님과 영원히 살게 될 새 하늘과 새 땅에 들어가기 위해서는 그들 안에서도 어서 새 창조의 역사가 일어나야 합니다. 그러기 위해서는 무엇보다도 일단 ①예수님을 영접하면 ②비로소 죄와 사망에서 벗어나게 되고 ③새로운 피조물로 변화될 수 있습니다. 예수님을 영접한다는 것이 이처럼 중요합니다.

하나님은 그 일을 함께 이루어가자고 먼저 믿은 믿음의 선진들을 동역자로 참여시켜 주셨고 지금 이 시간에는 우리를 이 엄청난 새 창조의 역사에 동참시키시며 "너희는 들려주어라. 그럼 나는 그들에게 믿음의 선물을 넣어 주리라"고 하셨습니다. 그저 의무적으로가 아니라, 율법적으로가 아니라, 이기적인 어떤 목적에서가 아니라 이런 감격으로 전도해야 합니다.

성부, 성자, 성령 하나님, 즉 삼위일체 하나님만이 해 오시던 일, 천사도 부러워하는 바로 그 일에 우리를 동참시켜 주셨습니다. 그야말로 은혜 위에 은혜입니다. 우리는 "나는 전도를 위임받은 사람이다!"라고 외치고 외치면서 예루살렘과 온 유대와 사마리아와 땅끝까지 복음을 전하다가 주님을 맞아야 합니다.

하나님의 구원 계획 청사진의
마지막 장면이다!

그날에는 각 나라와 족속과 백성과 방언에서 능히 셀 수 없는 큰

무리가 흰 옷을 입고 손에 종려나무 가지를 들고 보좌 앞과 어린 양 앞에 서서 큰 소리로 "구원하심이 보좌에 앉으신 우리 하나님과 어린 양에게 있도다" 하며 외칠 것입니다. 천국에 들어가서 주님과 함께 살면서도 "찬송과 영광과 지혜와 감사와 존귀와 권능과 힘이 우리 하나님께 세세토록 있을지어다 아멘" 하며 영원토록 그분의 놀라우신 능력과 긍휼과 사랑과 위대하심을 찬양하는 것이 우리의 할 일입니다. 그것을 요한계시록 7장 9–12절에서 말하고 있지 않습니까?

우리는 바로 그날을 위해서 구원받은 사람들입니다. 할렐루야!

 주님 다시 오실 때까지 (고형원 사, 곡) ♪ ♬

주님 다시 오실 때까지 나는 이 길을 가리라
좁은 문 좁은 길 나의 십자가 지고
나의 가는 이 길 끝에서 나는 주님을 보리라
영광의 내 주님 나를 맞아 주시리
주님 다시 오실 때까지 나는 일어나 달려가리라
주의 영광 온 땅 덮을 때 나는 일어나 노래하리
내 사모하는 주님 온 세상 구주시라
내 사모하는 주님 영광의 왕이시라

나와 주님만의
비밀스러운 만남이
꼭 필요합니다

이 책에서 특별히 감동과 은혜를 받은 내용과 성경 말씀이 있다면 그것을
다시 한 번 깊이 묵상해 보십시오.

진정 아십니까? 하나님께서 나를 얼마나 사랑하시는지!

이 모든 것은 우리가 하나님을 알아가는 것만큼 그분의 사랑이 얼마나 엄
청난 것인가를 더 깊이 깨닫고 그것에 감사하며 그 영광과 복됨을 인하여
이 땅을 살아가는 우리의 삶에 놀라운 생기를 얻게 될 것입니다.

형언할 수 없는 은혜와 사랑을 베풀어 주시는 주님께 마음껏 감사의 고백
을 드리면서 주님과 깊은 대화를 시작해 보십시오. 그리고 그것을 기록해
보십시오.

우리 인생은 내일 일을 알 수 없습니다. 당신은 무엇을 하다가 인생을 마
치겠습니까? 인생은 잠깐 있다가 없어지는 안개와 같습니다. 지금 어떠한
상황에 처해 있든지 천국에 입성하는 순간, 그것들은 나와 아무 상관없는
것들이 됩니다. 어떤 상황에서도 내가 흔들릴 수 없게 하는 단 한 가지, 그

것은 하나님께서 나를 얼마나 사랑하시는지, 내가 하나님 앞에 얼마나 귀한 존재인지를 알고 누리는 것입니다.

조금 있으면 우리는 하나님 앞에 서게 됩니다. 예수님의 의의 옷을 입고 선 우리는 가장 복 받은 자요 행복한 자로 하나님 나라에 들어가게 될 것이고 영원토록 그분과 함께 살게 됩니다.

1. 이처럼 나를 사랑하시는 주님의 사랑을 늘 마음에 새기며 나도 주님을 사랑합니다. 다윗처럼 내 생전에 오직 주님만을 간절히 사모하고 사랑하면서(아 2:5, 시 27:4) 주님과 사랑에 푹 빠져 살게 하옵소서!

2. 이제 주님이 오시면 하늘도, 땅도, 만물도 완전히 새롭게 단장된 그 황홀한 천국에 영화로운 몸으로 주님과 함께 들어갈 텐데, 그날의 소망을 놓지 않고 언제라도 오라 하시면 따라 나설 수 있도록 신부 단장하며 살게 하옵소서!

3. 이런 감격을 마땅히 함께 누려야 할 한 영혼 한 영혼에게 이 복된 소식, 하나님의 사랑을 전하다 주님 앞에 서게 하옵소서!

이런 간절한 소원을 가지고 지금 주님께 기도해 보지 않으시겠습니까?

누구에게 제일 먼저 달려가 이 복된 소식을 전해 줄 것인가?
아직도 부담만 안고 있는 사람이 있는가? 적어 보자.
그리고 이제는 달려가 전해 주자. 귀에 들려주자.
때가 얼마 남지 않았다고!

이 책의 효과적인 활용을 위한 안내

이 책은 개인적인 신앙을 점검하기 위한 것뿐만 아니라 소그룹에서 성경공부 교재로도 사용할 수 있습니다. 효과적인 활용을 위해 아래의 내용을 참고하십시오.

주님과의 개인적인 시간과 4분 전도 익히기

매 장을 시작하기 전, 반드시 지난 주에 주님과 만남의 시간을 가졌는지 확인하는 시간을 가져보라. 여러 사람이 함께 나눌 경우, 시작 전에 서로 나누는 시간을 가질 수도 있고, [나와 주님과의 데이트]를 통해 마지막에 각 장의 요점이나 은혜가 된 내용을 가슴에 되새기며 잠시라도 주님과 단 둘만의 시간을 가져보라. 이를 통해 자연스럽게 주님과 개인적인 시간을 갖는 것이 몸에 배게 된다.

하나님의 사랑에 깊이 잠길수록 그 사랑을 함께 누려야 하는 주위의 잃어버린 영혼들을 생각하게 된다. 그래서 그들에게 나가서 전할 수 있도록 준비하기 위해 각 장을 마칠 때마다 '4분 전도 익히기' 시간을 넣어 4분 전도의 여러 가지 유형을 훈련하는 시간을 갖는 것이 좋다(이와 관련된 CWM 자료 참조).

대화 분위기

여러 사람이 함께 할 경우, 인도자는 내용을 충분히 숙지한 후 서로의 신앙 체험을 나누는 대화의 분위기로 진행한다. 질문할 부분과 읽을 부분을 미리 표시해 두고 주로 성경 구절을 읽도록 부탁한다.

성령님이 각 사람마다 터치해 주시는 부분이 다 다르므로 회개와 감사와 깨달음, 결단 등을 서로 나누는 시간을 갖는다. 일반적인 성경공부로 끝나지 않도록 가장 기억에 남고 은혜가 된 부분을 서로 나누고, 마칠 때는 그 내용을 가지고 각자 기도하면서 글로 기록하는 시간을 갖는 것이 좋다.

소그룹

일반 성경공부와는 달리 주님의 임재 가운데 주님과의 만남을 서로 나누면서 함께 성령의 기름부음을 사모하며 기도하는 시간을 갖기 위해서는 많은 사람이 모이는 대형 집회보다는 소그룹 모임이 더 바람직하다.

QT 노트, 일기장

기록을 위해 각자 QT 노트나 일기장을 준비한다.

핵심—주님의 임재와 기름부음을 사모함

모임 전에 주님의 임재와 기름부음을 진심으로 사모하고 갈망하는 마음으로 간절히 기도하고 시작하는 것이 중요하다. 그 어떤 형식도 핵심을 빼버리면 무용지물이다.